coleção

RESUMOS

RESUMO DE DIREITO DO TRABALHO

COLEÇÃO RESUMOS DA MALHEIROS EDITORES

(Volumes 1 a 12, Autores:
MAXIMILIANUS CLÁUDIO AMÉRICO FÜHRER
e MAXIMILIANO ROBERTO ERNESTO FÜHRER)

Resumo 1 – Direito Comercial (Empresarial), 45ª ed., 2016.
Resumo 2 – Obrigações e Contratos (Civis, Empresariais, Consumidor), 31ª ed., 2015.
Resumo 3 – Direito Civil, 42ª ed., 2015.
Resumo 4 – Processo Civil, 41ª ed., 2016.
Resumo 5 – Direito Penal (Parte Geral), 34ª ed., 2016.
Resumo 6 – Processo Penal, 29ª ed., 2015.
Resumo 7 – Direito Administrativo, 29ª ed., 2016.
Resumo 8 – Direito Tributário, 25ª ed., 2015.
Resumo 9 – Direito do Trabalho, 26ª ed., 2016.
Resumo 10 – Direito Constitucional, 19ª ed., 2015.
Resumo 11 – Direito Penal (Parte Especial), 11ª ed., 2015.
Resumo 12 – Dicionário Jurídico, 3ª ed., 2010.
Resumo 13 – Direito do Consumidor, 2015 (Autores: MAXIMILIANO ROBERTO ERNESTO FÜHRER e MARÍLIA STEPHANE CAMPOS FÜHRER).

Outras Obras de MAXIMILIANUS CLÁUDIO AMÉRICO FÜHRER

Crimes Falimentares, Ed. RT, 1972.
Manual de Direito Público e Privado, em coautoria com Édis Milaré, 17ª ed., Ed. RT, 2009.
Roteiro das Recuperações e Falências, 21ª ed., Ed. RT, 2008.
Tradução de aforismos de vários pensadores: *Revista dos Tribunais* (período 1975/1976).
Artigos: "O homicídio passional", *RT* 392/32; "O elemento subjetivo nas infrações penais de mera conduta", *RT* 452/292; "Como aplicar as leis uniformes de Genebra", *RT* 524/292; "O elemento subjetivo no Anteprojeto do Código das Contravenções Penais – Confronto com a legislação em vigor", *RT* 451/501; "Quadro Geral das Penas", *RT* 611/309.

Outras obras, pela Malheiros Editores, de MAXIMILIANO ROBERTO ERNESTO FÜHRER

Código Penal Comentado, 3ª ed., 2010 (com MAXIMILIANUS CLÁUDIO AMÉRICO FÜHRER).
Curso de Direito Penal Tributário Brasileiro, 2010.
História do Direito Penal, 2005.
A Nova Prisão e as Novas Medidas Cautelares no Processo Penal, 2011.
Novos Crimes Sexuais, 2009.
A Reforma do Código de Processo Penal, 2008.
Tratado da Inimputabilidade no Direito Penal, 2000.

MAXIMILIANUS CLÁUDIO AMÉRICO FÜHRER
MAXIMILIANO ROBERTO ERNESTO FÜHRER

RESUMO DE DIREITO DO TRABALHO

26ª edição,
revista e atualizada

MALHEIROS
EDITORES

RESUMO DE DIREITO DO TRABALHO

1ª ed., 1999; 2ª, 3ª e 4ª eds., 2000; 5ª, 6ª ed., e 7ª eds., 2001; 8ª, 9ª e 10ª eds., 2002; 11ª e 12ª eds., 2003; 13ª e 14ª eds., 2004; 15ª e 16ª eds., 2005; 17ª e 18ª eds., 2006; 19ª ed., 2007; 20ª ed., 2008; 21ª ed., 2009; 22ª ed., 2011; 23ª e 24ª eds., 2013; 25ª ed., 2015.

MALHEIROS EDITORES LTDA.
Rua Paes de Araújo, 29, conjunto 171
CEP 04531-940 – São Paulo – SP
Tel.: (11) 3078-7205 – Fax: (11) 3168-5495
URL: www.malheiroseditores.com.br
e-mail: malheiroseditores@terra.com.br

Composição: PC Editorial Ltda.
Capa
Criação: Cilo
Arte: PC Editorial Ltda.

Impresso no Brasil
Printed in Brazil
07.2016

Dados Internacionais de Catalogação na Publicação (CIP)

F959r Führer, Maximilianus Cláudio Américo.
Resumo de direito do trabalho / Maximilianus Cláudio Américo Führer, Maximiliano Roberto Ernesto Führer. – 26. ed., rev e atual. – São Paulo : Malheiros, 2016.
208 p. : il. ; 21 cm. – (Coleção Resumos ; 9)

Inclui bibliografia e índice.
ISBN 978-85-392-0345-1

1. Processo civil - Brasil - Sínteses, compêndios, etc. I. Führer, Maximiliano Roberto Ernesto. II. Título. II. Série.

CDU 347.91/.95(81)
CDD 347.8105

Índice para catálogo sistemático:

1. Direito do trabalho : Brasil : Sínteses, compêndios, etc 349.2(81)

(Bibliotecária responsável: Sabrina Leal Araujo – CRB 10/1507)

Para
Maria Alice

PROTEJA OS ANIMAIS.
ELES NÃO FALAM MAS SENTEM
E SOFREM COMO VOCÊ.

(De uma mensagem
da União Internacional Protetora dos Animais)

CONTATO

As mensagens podem ser enviadas para *malheiroseditores@terra.com.br* ou pelo fax: (11) 3168-5495.

SUMÁRIO

CAPÍTULO I – HISTÓRIA E CONCEITOS BÁSICOS

CAPÍTULO II – PRINCÍPIOS DE DIREITO DO TRABALHO

CAPÍTULO III – DIREITO INTERNACIONAL DO TRABALHO

CAPÍTULO IV – CONTRATO INDIVIDUAL DE TRABALHO

CAPÍTULO V – SUJEITOS DO CONTRATO DE TRABALHO

CAPÍTULO VIII – FÉRIAS

CAPÍTULO IX – SUSPENSÃO E INTERRUPÇÃO DO CONTRATO DE TRABALHO

CAPÍTULO X – EXTINÇÃO DO CONTRATO INDIVIDUAL DE TRABALHO

CAPÍTULO XI – AVISO PRÉVIO

CAPÍTULO XVIII – JUSTIÇA DO TRABALHO

ABREVIATURAS

ADCT – Ato das Disposições Constitucionais Transitórias
ADI – Ação Direta de Inconstitucionalidade
CC – Código Civil
CF – Constituição Federal
CIPA – Comissão Interna de Prevenção de Acidentes
CLT – Consolidação das Leis do Trabalho
CTPS – Carteira de Trabalho e Previdência Social
D – Decreto
DRT – Delegacia Regional do Trabalho
EC – Emenda Constitucional
IN – Instrução Normativa
L – Lei
LTr – *Revista LTr Legislação do Trabalho*
MP – Medida Provisória
MT – Ministério do Trabalho
NR – Norma Regulamentadora
RT – *Revista dos Tribunais*
STF – Supremo Tribunal Federal
TRT – Tribunal Regional do Trabalho
TST – Tribunal Superior do Trabalho

Os artigos citados sem a lei correspondente são da CLT.

Capítulo I

HISTÓRIA E CONCEITOS BÁSICOS

1. Assim caminha a humanidade. 2. Introdução: 2.1 Conceito – 2.2 Direito Público ou Privado? – 2.3 Fontes do Direito do Trabalho: 2.3.1 Leis – 2.3.2 Sentenças normativas – 2.3.3 Convenções e acordos coletivos: 2.3.3.1 Dinâmica da convenção e do acordo coletivo – 2.3.3.2 Contrato coletivo de trabalho – 2.3.4 Regulamento de empresa – 2.3.5 Usos e costumes – 2.3.6 Contrato de trabalho – 2.3.7 Jurisprudência – 2.3.8 Doutrina – 2.3.9 Princípios gerais de Direito – 2.3.10 Direito Comparado – 2.3.11 Analogia – 2.3.12 Equidade.

1. Assim caminha a humanidade

A história do trabalho humano é uma história de terror.[1] A primeira civilização conhecida já era escravocrata, há mais de 5.000 anos.

Na língua dos antigos sumérios, a palavra "escravo" derivava do termo utilizado para designar os estrangeiros, denunciando a origem política deste flagelo.

Ao senhor de escravos tudo era permitido: torturas, sevícias diversas, mutilações, amputações, suplícios e abusos de toda ordem. O trabalho humano não tinha limite de horário ou esforço. A vida do escravo, mera mercadoria, dependia apenas do desejo do opressor.

Na *antiguidade* não era incomum que os escravos fossem enterrados vivos, junto com o cadáver de seu senhor, para servi-lo no além-túmulo.

É verdade que a História revela rápidos lampejos de humanidade na sociedade opressora.

Aristóteles (384-322 aC) contava que, em Creta (2200 aC), os escravos gozavam dos mesmos direitos dos cidadãos comuns, com apenas duas

1. A própria palavra "trabalho" tem origem em *tripalium*, do latim vulgar, que era um instrumento de tortura composto de três paus. *Trabalhar* (*tripaliare*) nasceu com o significado de torturar ou fazer sofrer.

restrições peculiares: não podiam portar armas e estavam proibidos de fazer ginástica.

Na Grécia clássica o trabalho braçal era desonroso e, por isso, entregue aos escravos. Aqueles homens livres que desenvolviam alguma atividade lucrativa eram tratados com desprezo, como negociantes (*aqueles que negam o ócio*).

Também os gregos foram transformados em escravos (146 aC). Em Roma[2] os escravos gregos se tornaram professores, filósofos e conselheiros de grande prestígio. Sem dúvida, a vinda dos gregos conquistados deu enorme impulso ao desenvolvimento cultural da civilização romana.

Em determinado momento da História a escravidão deixou seu fundamento político para lastrear-se exclusivamente nos interesses econômicos.

Famílias inteiras, aldeias, tribos, eram subjugadas e sequestradas para comercialização no infame mercado da escravidão humana.

Até hoje chegam notícias de casos isolados de escravidão nos rincões afastados da civilização.

O prestígio da escravidão variou conforme a época.

Durante o *feudalismo* imperou um sistema intermediário entre a escravidão e o trabalho livre.

Era o regime da servidão, que vinculou o trabalhador rural à terra.

Vítima de alguma adversidade e pela falta de outra opção de sobrevivência, o homem livre se colocava sob a proteção de um proprietário agrícola, o senhor. O servo jurava-lhe lealdade e era obrigado a pagar-lhe um tributo, geralmente extorsivo.

Recebia um pedaço de terra para explorar e se sustentar. Entretanto, grande parte do tempo era empregada no cultivo não remunerado das terras do senhor da gleba.

Residia em casebres paupérrimos e sobrevivia muitas vezes com uma dieta exclusiva de tubérculos.[3]

2. Na Roma antiga o escravo fazia parte da família. Por uma necessidade religiosa, o servo era integrado à família e iniciado em seu culto, através de uma cerimônia, na qual lhe derramavam água lustral sobre a cabeça e lhe era permitido partilhar dos bolos e das frutas. Tinha a proteção dos deuses Lares e era enterrado na mesma sepultura da família (Fustel de Coulanges, *A Cidade Antiga*). Poderia até desempenhar o ato religioso em nome de seu senhor (atribuído a Catão), sendo que nos dias de festa era proibido forçar o escravo a trabalhar (Cícero, *De legibus*).

3. Relata Wanda Jaú Pimentel que a alimentação dos servos consistia basicamente de nabos, repolho, cebola e pão preto. Somente comiam carne uma vez por ano, na festa de São

A condição de servo da gleba implicava submissão total e hereditária. Os servos e suas famílias eram vendidos junto com a terra, como acessório.

A partir do século XVI a servidão entra em declínio. A submissão dos feudos a um governo central, com a formação das nações, o surgimento do mercantilismo e a perda da importância da terra como fonte de riqueza contribuíram para esse declínio, até sua total erradicação.[4]

Surgem as primeiras vilas e cidades e, com elas, os *artesãos*.

Esses profissionais orgulhosos foram se agrupando em *corporações de ofício* ou *guildas*.[5]

Os *mestres* eram os donos das oficinas e únicos autorizados a explorar economicamente determinada atividade profissional. As corporações eram dirigidas pelos mestres, que atuavam na defesa exclusiva dos interesses da classe.

Subordinado ao mestre estava o *companheiro* ou *oficial*, que era o trabalhador remunerado das oficinas. O acesso do companheiro ao grau de mestre – e consequente possibilidade de trabalhar por conta própria – dependia da prova da "obra-mestra". O candidato elaborava uma obra de alto grau de dificuldade e o resultado era julgado pelos mestres integrantes da corporação de ofício. Nem é necessário dizer que a aprovação era exceção.

Embora houvesse essa possibilidade remota de ascensão, o objetivo principal das corporações era preservar o mercado de trabalho para os mestres e seus herdeiros.

Havia também a classe dos *aprendizes*, formada por jovens entregues aos mestres por suas famílias, para que aprendessem o ofício. Ao fim do aprendizado, transformavam-se em companheiros.

As corporações impunham regras muito rígidas acerca de salários, preços, métodos de produção etc.

Esta rigidez era um fator de estagnação e acabou inviabilizando as corporações quando as cidades cresceram e surgiram as ideias capitalistas mercantilistas.

Martinho, no inverno, quando o gado era abatido, por falta de pasto. Os instrumentos agrícolas empregados eram rudimentares, produzindo baixo rendimento da terra. As casas eram de argila e palha, quase desprovidas de móveis (*História Antiga e Medieval*, IBEP).

4. O último país a abolir este sistema foi a Rússia, por ordem do czar Alexandre II, já no século XIX.

5. As corporações agregavam apenas os artesãos, enquanto as guildas abrigavam também comerciantes.

A classe dos *burgueses*, pequenos comerciantes, embora tenha adquirido grande importância, estava afastada do poder e ansiava por regras que assegurassem a livre economia de mercado.

Aparece o germe da *doutrina liberal*, defendendo a liberdade absoluta da economia, evoluindo para a liberdade absoluta do homem em todas as suas atividades.

Adam Smith (1723-1790) formulou o embasamento econômico da nova escola, que poderia ser resumido na máxima *laisser faire, laisser passer* (literalmente: "deixar fazer, deixar passar"). O Estado deveria se afastar totalmente dos assuntos da vida econômica, deixando que os particulares atuassem livremente. As únicas funções estatais seriam manter a ordem, administrar a Justiça e promover a defesa contra a guerra externa.

Era o "óbvio e simples sistema da liberdade natural", nas palavras do próprio Adam Smith.

Jean-Jacques Rousseau, com o *Contrato Social*, de 1762, e o Barão de Montesquieu, com o seu *Espírito das Leis*, de 1748, completaram o arcabouço filosófico e político do liberalismo clássico.

No fervilhar das novas ideias, em plena Revolução Francesa (1789), há um registro curioso: Jean-Paul Marat, principal líder do movimento revolucionário e idealizador de uma federação armada de trabalhadores livres, defendia a sobrevivência das corporações de ofício como única forma de manter o nível do aprendizado profissional e da qualidade dos produtos e a dignidade dos trabalhadores.

O tempo encarregou-se de demonstrar que Marat não estava completamente errado.

Nos *séculos XVIII e XIX* vários fatores, em especial o avanço tecnológico e a migração da mão-de-obra rural, contribuíram para que lentamente se instalasse a chamada "Revolução Industrial" na Inglaterra, transformando as oficinas dos artesãos em fábricas, com produção em larga escala.

Inicia-se aqui um dos períodos mais negros da história do trabalho. Sem dúvida.

Num primeiro momento, a chegada das máquinas causou grande desemprego e revolta. Constam alguns movimentos de desempregados que promoveram a quebra de teares[6] e de outros equipamentos.

6. A revolta *Luddita*, de 1812, que, na verdade, teve início com o espancamento de um aprendiz, mas derivou para a destruição das máquinas e das casas dos patrões, foi sufocada em 1813 com o enforcamento de 17 de seus lideres.

Com o rápido desenvolvimento das indústrias, a mão-de-obra foi sendo reabsorvida, mas em condições extremamente adversas para o trabalhador.

Sendo grande a oferta de mão-de-obra e não havendo qualquer controle estatal, os salários foram sendo fixados em níveis cada vez mais baixos, enquanto a jornada de trabalho era ampliada para além dos limites do esgotamento físico humano.

Por economia, utilizava-se a força de trabalho de crianças, com até 6 anos de idade, que eram submetidas a jornadas de 14 ou 15 horas de trabalho. Havia a chamada "jornada de sol a sol": durava o trabalho enquanto houvesse luz.

Alguns registros dão conta de que, com a chegada da iluminação a gás (1805), a jornada de trabalho foi ampliada para até 18 horas por dia.

Não era incomum o empregador espancar brutalmente os empregados por mínimo erro ou atraso.

Como contou em suas memórias, o aprendiz Robert Blincoe teve o couro cabeludo infectado de tanto sofrer golpes na cabeça. Mas muito pior foi o tratamento. Aplicaram-lhe um "curativo", derramando piche quente derretido sobre seu crânio. Quando o piche esfriou, formando uma placa sólida, foi arrancado, levando junto todos os cabelos.

Relata-se o caso de um adolescente deformado de Bradford que aos 15 anos tinha apenas 1,14m de altura. O aleijão decorria do fato de trabalhar na indústria têxtil 15 horas por dia com os joelhos dobrados.[7]

Os salários miseráveis não permitiam a morada condigna, nem a alimentação adequada.

Em 1859 o *Illustrated Times* publicou gravura retratando uma hospedaria que alugava caixões para dormir. Os "leitos" eram enfileirados lado a lado, para economia de espaço.

É certo que grande parte dos trabalhadores morava na própria fábrica ou em cloacas imundas, alugadas. O salário era estabelecido apenas para que não se morresse imediatamente de fome.

Com todas as tintas, os romances de Charles Dickens (1812-1870) retratam esta época vitoriana, onde a pobreza era tida como "vontade de Deus".

7. Os dois horrendos casos estão em "Força da iniciativa", em *História em Revista*, Time-Life, p. 61.

Foi observado algum movimento de caridade nesse período, mas, no geral, a classe dominante e a classe média eram absolutamente insensíveis ao sofrimento do operário miserável. A opulência de que desfrutavam e suas confortáveis residências contrastavam com o inacreditável quadro de degradação humana das ruas.

Não sem motivo, surgem as *ideias socialistas* de Robert Owen (1771-1858), de Charles Fourier (1772-1837) e de Karl Marx (1818-1883).

Owen idealizou comunidades industriais, com melhores condições para os trabalhadores.

Fourier bateu-se pelos "falanstérios", comunidades completamente livres, onde todas as atividades, inclusive o amor, se desenvolveriam naturalmente, conforme as inclinações individuais de cada elemento. Desta forma, desapareceriam as diferenças entre trabalho e prazer.

Tanto Owen como Fourier esgotaram suas fortunas tentando implantar as comunidades ideais, sem qualquer sucesso.

Marx imaginou uma república de operários, com a extinção de todas as outras classes e do Estado, que perderia a sua função. Foi a inspiração para a Revolução Soviética Comunista de 1917, de crueldade ímpar.

Ao mesmo tempo em que despontavam as teorias sociais, surgiam os movimentos sindicais operários, com inúmeras mortes, e a Igreja despertava para os problemas dos trabalhadores desvalidos, editando as encíclicas papais *Rerum Novarum*, *Quadragesimo Anno*, *Divini Redemptoris* e *Mater et Magistra.*

O Estado vai lentamente abandonando a doutrina do não intervencionismo, são promulgadas as primeiras leis[8] de proteção ao trabalho e é criada a *Organização Internacional do Trabalho-OIT* (1919).

Nasce o *Direito do Trabalho*.[9]

As grandes conquistas trabalhistas do século XX tiveram como dínamo os movimentos sindicais e a implantação do socialismo em vários países.

Instalou-se um sistema sindical livre. A jornada de trabalho foi limitada, regulou-se a concessão de períodos de repouso e foram estabelecidos limites de esforço.

8. Constituição mexicana de 1917; Constituição da República de Weimar de 1919 na Alemanha; e *Carta del Lavoro* na Itália, em 1927.

9. O dia 1º de maio foi escolhido como *Dia do Trabalho* para homenagear os mortos no incidente de 1º de maio de 1889, em Chicago/EUA. Houve um confronto entre policiais e grevistas e alguém não identificado arremessou uma bomba, matando manifestantes e policiais. Os oito líderes grevistas foram presos, sendo sete condenados à pena de morte e um à prisão perpétua.

Estabeleceu-se valor para o salário mínimo e foram criados alguns mecanismos protetivos da despedida arbitrária. Iniciou-se a instalação de uma previdência social, já com algum amparo ao trabalhador, na doença e na velhice.

Porém, com a queda do Muro de Berlim,[10] em 10 de dezembro de 1989, e o desmantelamento do bloco soviético, o capital internacional perdeu sua principal fonte de preocupações.

Em decorrência direta disso, todo o sistema jurídico de proteção ao trabalho passou a sofrer imediato e violento ataque, em movimento de retorno aos tempos do liberalismo.

O neoliberalismo, como aponta o arguto Mozart Víctor Russomano, está em rota de desarticulação do Direito do Trabalho.

De forma avassaladora, essa doutrina impõe a desregulamentação e a flexibilização da legislação trabalhista, cuja conquista custou mais de 50 séculos de sofrimento e muito sangue humano derramado.

2. *Introdução*

2.1 Conceito

Direito do Trabalho é o ramo da ciência jurídica que regula a relação de emprego e as situações conexas,[11] bem como a aplicação das medidas de proteção ao trabalhador.

2.2 Direito Público ou Privado?

Direito Público é o Direito composto, inteira ou predominantemente, por normas de ordem pública.

Ao contrário, no *Direito Privado* predominam as normas de ordem privada.

10. A queda do Muro pode ter sido provocada por simples equívoco. No dia 9, Günter Schabowski estava encarregado de transmitir pela TV a informação de que a Alemanha Oriental permitiria o trânsito limitado e controlado de alemães de um lado para outro do Muro. Era uma manobra tática para aliviar a pressão política decorrente da retirada do apoio russo à Alemanha Oriental.

Entretanto, Günter, nervoso, equivocou-se e disse que os portões seriam abertos "imediatamente, sem demora". O povo foi às ruas e, como a Porta de Brandenburg continuasse fechada, todos investiram contra a muralha, sob os olhares atônitos e indecisos dos soldados orientais (cf. John Lewis Gaddis, da "U.S. News & World Report", in *O Estado de S. Paulo*, de 7.11.99, p. A-14).

11. O *Direito de Trabalho* trata, além do trabalho subordinado típico, da situação dos domésticos, dos avulsos, dos temporários e dos pequenos empreiteiros.

Normas de ordem pública são normas imperativas, de obrigatoriedade inafastável. *Normas de ordem privada* são normas de caráter supletivo, que vigoram apenas enquanto a vontade dos interessados não dispuser de modo diferente do previsto pelo legislador.

O Direito do Trabalho tem origem nos Direitos Civil e Comercial, mais especificamente nas normas que regulam a locação de serviços. Por causa desse berço e também pelo seu cunho contratual, predomina o entendimento que o Direito do Trabalho faz parte da família do Direito Privado.

Mas outra ponderável corrente, forte no princípio da irrenunciabilidade dos direitos trabalhistas, prega que se trata de Direito Público.

Alguns autores preferem chamá-lo de Direito misto, já que composto tanto por normas de ordem pública como de ordem privada. Entretanto, todos os ramos do Direito são mistos. Daí a pouca utilidade dessa conceituação.

Para Cesarino Júnior o Direito do Trabalho não seria Público, nem Privado, mas, sim, um terceiro gênero: o Direito Social.

No entender de Evaristo de Moraes Filho o Direito de Trabalho seria unitário, oriundo da fusão do Direito Público com o Privado.

Na verdade, a antiga divisão do Direito em Público e Privado não se acomoda com o desenvolvimento da ciência e com o surgimento dos novos ramos do Direito. Daí esta dificuldade em determinar a natureza do Direito do Trabalho.

2.3 Fontes do Direito do Trabalho

Fonte de Direito é tudo o que dá origem, que produz o Direito.

As *fontes materiais* são os fatos sociais, políticos e econômicos que fazem nascer a regra jurídica. Ou seja, fonte material é o acontecimento que inspira o legislador a editar a lei.

Fontes formais são justamente aquelas que têm a forma do Direito; que vestem a regra jurídica, conferindo-lhe o aspecto de Direito Positivo.

As fontes formais podem ser diretas ou indiretas.

São *fontes formais diretas* do Direito do Trabalho: a Constituição, as leis em geral (incluindo decretos, portarias, regulamentos, instruções etc.), os costumes, as sentenças normativas, os acordos e convenções coletivas, os regulamentos de empresa e os contratos de trabalho.

As *fontes formais indiretas* são a jurisprudência, a doutrina, os princípios gerais de Direito e o Direito Comparado.

O art. 8º da Consolidação das Leis do Trabalho determina que, na falta de disposições legais ou contratuais, as questões trabalhistas serão decididas levando-se em conta a jurisprudência, a analogia, a equidade, os princípios e normas gerais de Direito, principalmente do Direito do Trabalho, e ainda de acordo com os usos e costumes e o Direito Comparado.

Na verdade, como se verá adiante, a equidade e a analogia são técnicas de integração, utilizadas apenas para suprir as eventuais lacunas existentes no ordenamento jurídico.

2.3.1 Leis[12]

Somente a União tem competência para legislar acerca de Direito do Trabalho. Assim, somente a Constituição, a lei, o decreto, a portaria e o regulamento federais podem tratar do tema.

A principal lei que regula a matéria é a Consolidação das Leis do Trabalho – CLT.[13]

2.3.2 Sentenças normativas

Sentenças normativas são decisões dos Tribunais do Trabalho julgando dissídios coletivos.

Se os sindicatos envolvidos se recusam à negociação ou à arbitragem, é facultado ajuizar dissídio coletivo, junto ao Tribunal Regional do Trabalho. A decisão deste dissídio coletivo é dada por sentença normativa.

Esta sentença normativa estabelece normas e condições de trabalho para aquela categoria. Mas deve respeitar as disposições convencionais e legais mínimas de proteção ao trabalho (art. 114, § 2º, da CF).

O procedimento é o seguinte: proposto o dissídio coletivo pelo sindicato, é designada audiência para tentativa de acordo, dentro de 10 dias. Havendo acordo, este é homologado. Não havendo, o processo é instruído, é oferecido parecer do Ministério Público. O caso é submetido a julgamento (arts. 860 e ss.), emitindo-se uma sentença normativa.

A sentença normativa atinge toda a categoria econômica envolvida e respectivos empregados.

12. **Exterior, transferência**. Mesmo com a transferência do empregado para o exterior, o empregador está sujeito a obedecer a legislação trabalhista brasileira (TST, 7ª T, ARR-120000-53.2009.5.01.0004).

13. *Consolidação é* a reunião sistematizada das leis já existentes; é diferente de *Código*, que é lei inteiramente nova. A nossa CLT é o DL 5.452, de 1.5.1943.

2.3.3 Convenções e acordos coletivos

Convenções são ajustes firmados entre o sindicato dos empregados e o sindicato patronal. Os *acordos coletivos* são ajustados entre sindicato dos empregados e uma ou mais empresas.

Somente a convenção ou o acordo coletivos podem reduzir salários (art. 7º, VI, da CF).

As convenções e acordos coletivos têm efeito normativo muito semelhante à lei e afetam pessoas que não participaram diretamente da negociação. Assim, as convenções atingem todos os trabalhadores e empresas integrantes da mesma categoria, dentro do território dos respectivos sindicatos. Já o acordo coletivo obriga o sindicato, a empresa e todos os seus empregados.

Esgotado o prazo estipulado para vigência da convenção ou acordo, divergia a doutrina sobre a incorporação, ou não, de suas cláusulas aos contratos de trabalho em andamento.

Para alguns a incorporação se operava incondicionalmente, sempre. Para outros, findo o prazo, as cláusulas simplesmente deixavam de vigorar.

Prevaleceu uma corrente mista, pela qual são incorporadas ao contrato de trabalho as regras de cunho normativo (que versam sobre as condições de trabalho), mas dissolvem-se as de cunho obrigacional (que envolvem exclusivamente as entidades contratantes, como, por exemplo, a obrigação de criar um curso profissionalizante). É exatamente esta a dicção da Súmula 277 TST: "As cláusulas normativas dos acordos coletivos ou convenções coletivas integram os contratos individuais de trabalho e somente poderão ser modificadas ou suprimidas mediante negociação coletiva de trabalho".

"Os reajustes salariais previstos em norma coletiva de trabalho não prevalecem frente à legislação superveniente de política salarial" (Súmula 375 TST).

2.3.3.1 *Dinâmica da convenção e do acordo coletivo* – O sindicato somente poderá celebrar a convenção ou o acordo se houver autorização da Assembleia-Geral, especialmente convocada para tal fim, exigindo-se *quorum* especial.[14]

14. CLT, art. 612: "Os sindicatos só poderão celebrar Convenções ou Acordos Coletivos de Trabalho, por deliberação de Assembleia-Geral especialmente convocada para esse fim, consoante o disposto nos respectivos Estatutos, dependendo a validade da mesma do comparecimento e votação, em primeira convocação, de 2/3 (dois terços) dos associados da entidade, se se tratar de Convenção, e dos interessados, no caso de Acordo, e, em segunda, de 1/3 (um

O pacto tem que ser formalizado por escrito, sem emendas ou rasuras, em tantas vias quantos forem os contratantes. Em oito dias deve ser depositada uma via para registro e arquivamento no órgão do Ministério do Trabalho. Não é necessário homologação. A convenção e o acordo passam a vigorar três dias após a entrega desta via.

O pacto vale pelo prazo que ficar ajustado, até o máximo de dois anos.

A prorrogação, a revisão, a denúncia ou a revogação seguem o mesmo procedimento.

Os sindicatos não podem se recusar à negociação coletiva quando convocados. Se houver recusa, o órgão do Ministério do Trabalho fará a convocação compulsória do sindicato. Se persistir a recusa, os interessados poderão instaurar dissídio coletivo. Mas nenhum dissídio de natureza econômica será admitido se não estiverem esgotadas as possibilidades de convenção ou acordo.

2.3.3.2 *Contrato coletivo de trabalho* – O art. 611 da Consolidação das Leis do Trabalho foi editado originalmente com a expressão "contrato coletivo de trabalho" para designar a tradicional convenção coletiva de trabalho. A novidade parece não ter agradado, já que duas décadas depois[15] a redação foi modificada e o "contrato coletivo" voltou a se chamar convenção coletiva. Mas alguns outros artigos continuaram referindo o contrato coletivo, como, por exemplo, os arts. 59, 71 e 462.

Sem qualquer divergência, entendia-se que o contrato coletivo era sinônimo de convenção coletiva, como de fato é mesmo.

Desde 1990 surgiram referências[16] a um contrato coletivo de trabalho, que teria significado algo diverso e que seria a solução para vários problemas do país.

É que, por inspiração neoliberal, tenta-se fazer distinção entre convenções coletivas e contratos coletivos de trabalho.[17]

O objetivo é afastar a proteção da lei trabalhista tanto quanto possível. As relações de emprego passariam a ser reguladas quase que exclusivamente pelos contratos, convenções e acordos coletivos.

terço) dos mesmos. Parágrafo único. O *quorum* de comparecimento e votação será de 1/8 (um oitavo) dos associados em segunda convocação, nas entidades sindicais que tenham mais de 5.000 (cinco mil) associados".

15. DL 229/67.

16. A L 12.815/2013 prevê algumas situações em que teria aplicação o contrato coletivo no trabalho portuário. Entretanto, não define a expressão *contrato coletivo*.

17. É o exato dizer do excelente Mozart Víctor Russomano (*Comentários à CLT*, 17ª ed., v. II, p. 115).

Neste sentido, *contrato coletivo de trabalho* seria um pacto coletivo em nível superior, entre as confederações, centrais ou federações, abrangendo todos os trabalhadores do país, ou todos os trabalhadores de determinada categoria ou setor.

O contrato coletivo seria muito mais amplo que a convenção, restrita apenas à negociação entre sindicatos.

Mas, sem dúvida, será necessária a edição de norma de índole constitucional para definir exatamente o conteúdo, atribuir competências e regular esse novo contrato coletivo de trabalho.

2.3.4 Regulamento de empresa

O empregador pode instituir um *regulamento* na empresa, disciplinando condições gerais de trabalho (promoções, prêmios, disciplina etc.). O regulamento passa a integrar o contrato de trabalho e vale para todos os empregados, presentes e futuros. O início da vigência ocorre com a aceitação do regulamento pelos empregados, sendo que essa concordância pode ser tácita.

Normalmente o regulamento é unilateral, mas nada impede a participação dos empregados na sua elaboração.

2.3.5 Usos e costumes

Costume é a reiteração constante de uma conduta, na convicção de ser a mesma obrigatória; ou, em outras palavras, uma regra prática geral aceita como sendo Direito.

O costume pode se referir a uma única empresa, a toda uma categoria econômica ou até a todo o sistema trabalhista.

2.3.6 Contrato de trabalho

O *contrato de trabalho* é a principal fonte que informa as relações entre empregado e empregador. Será objeto de estudo mais amplo logo adiante, no capítulo próprio.

2.3.7 Jurisprudência

Jurisprudência é a interpretação da lei feita pelos juízes e tribunais nas suas decisões. Após reiteradas decisões no mesmo sentido, os tribunais emitem súmulas, com uma orientação genérica para os casos da mesma natureza.

Com base no art. 902 da CLT, o Tribunal Superior do Trabalho emitia *prejulgados*, que vinculavam todos os juízes trabalhistas. Mas a Constituição de 1946 não recepcionou aquele dispositivo e muitos o consideravam inconstitucional, como acabou declarando o Supremo Tribunal Federal (*LTr* 41/1.033). Depois, a L 7.033/82 revogou expressamente aquele artigo.

Os textos dos prejulgados foram, então, renumerados e receberam o nome de *súmulas*. Em 1985 o Tribunal Superior do Trabalho resolveu que as súmulas passariam a se denominar *enunciados*.[18] Por força da Resolução 129/2005, do TST, os Enunciados voltaram a ter a denominação de Súmulas.

Embora sirvam como excelente orientação,[19] as súmulas e decisões dos tribunais superiores não vinculam o juiz. As únicas exceções são: (a) a súmula vinculante do STF, (b) a decisão definitiva de mérito proferida pelo STF em uma ação de constitucionalidade, e (c) a tese jurídica adotada pelo STF ou STJ, conforme o caso, em incidente de resolução de demandas repetitivas, que deve ser aplicada no território nacional a todos os processos individuais ou coletivos que versem sobre idêntica questão de direito (art. 987, § 2º, do CPC).

Além das súmulas, os tribunais podem emitir *precedentes normativos*, com a relação das matérias tratadas nos dissídios coletivos e as respectivas soluções.

Orientações jurisprudenciais são tendências, ainda não completamente pacíficas, passíveis de se transformarem em súmulas, via *incidente de uniformização de jurisprudência.*

2.3.8 Doutrina

É a interpretação da lei feita pelos estudiosos da matéria, em comentários, aulas, tratados, pareceres, monografias etc. Este livro, por exemplo, é *doutrina*, embora modesta.

2.3.9 Princípios gerais de Direito

São critérios amplos de Direito, às vezes não escritos, existentes em cada ramo e percebidos por indução. A Lei de Introdução às Normas do

18. Res. Administrativa 44/85, de 29.6.1985.

19. "Recorrer contra a súmula é o mesmo que ministrar remédio vencido ao doente: não faz efeito algum" (Álfio Amauri dos Santos, TRT-3ª R., proc. POR-2.367/81, *DJMG* 26.5.1982, cit. por João de Lima Teixeira Filho, *Instituições*).

Direito Brasileiro (LIND) traz princípios gerais para todos os ramos do Direito. No Direito do Trabalho um princípio geral é a proteção do trabalhador. Na dúvida, portanto, deve o juiz trabalhista decidir a favor do obreiro. Os princípios específicos de Direito do Trabalho serão tratados logo em seguida.

2.3.10 Direito Comparado

São as leis e os costumes dos países estrangeiros que servem de orientação para as decisões locais.

2.3.11 Analogia

Analogia é a aplicação, a um caso não previsto, de norma que rege hipótese semelhante. As regras do ferroviário em vigília, por exemplo, podem servir como orientação para o empregado de sobreaviso, que utiliza *bip*.

2.3.12 Equidade

Equidade é a adaptação razoável da lei ao caso concreto (igualdade, bom senso e moderação), ou a criação de uma solução própria para uma hipótese em que a lei é omissa.

Capítulo II

PRINCÍPIOS DE DIREITO DO TRABALHO[1]

1. Princípio da proteção: 1.1 "In dubio pro operario" – 1.2 Princípio da condição mais benéfica – 1.3 Princípio da aplicação da norma mais favorável: 1.3.1 Princípio da hierarquia – 1.3.2 Princípio da elaboração de normas mais favoráveis – 1.3.3 Princípio da interpretação mais favorável. 2. Princípio da irrenunciabilidade dos direitos trabalhistas. 3. Princípio da primazia da realidade. 4. Princípio da continuidade da relação empregatícia. 5. Outros princípios.

1. Princípio da proteção

Este princípio tem por escopo equilibrar a relação empregatícia, conferindo alguma primazia jurídica ao empregado, que não detém a primazia econômica.

Desdobra-se no axioma *in dubio pro operario* e nas regras da aplicação da condição mais benéfica e da norma mais favorável.

1.1 "In dubio pro operario"

Havendo dúvida, deve o aplicador da lei optar pela solução mais favorável ao empregado. Não se admite a aplicação deste princípio se dele resultar afronta à vontade do legislador ou se a matéria versar sobre prova judicial.

1.2 Princípio da condição mais benéfica

É um desdobramento do princípio constitucional do direito adquirido. Mesmo que sobrevenha norma nova, permanecerá o trabalhador na situação anterior se for mais favorável.

1. Na divisão de Plá Rodrigues, que também inclui os princípios da *boa-fé* e da *razoabilidade* (*Los Principios de Derecho del Trabajo*, Montevidéu, 1975).

1.3 Princípio da aplicação da norma mais favorável

O princípio da aplicação da norma mais favorável também pode ser desdobrado em três:

1.3.1 Princípio da hierarquia

Independentemente da hierarquia entre as normas jurídicas, terá aplicação sempre a que for mais benéfica para o empregado. Assim, por exemplo, se uma convenção coletiva prevê férias de 45 dias, haverá prevalência desta sobre a Constituição Federal, que confere apenas 30 dias de férias.

1.3.2 Princípio da elaboração de normas mais favoráveis

Ao elaborar a lei, deve o legislador ampliar o sistema de proteção, buscando a melhoria das condições do trabalhador.

1.3.3 Princípio da interpretação mais favorável

Faltando clareza ao texto legal, prevalece o entendimento que melhor se acomode com o interesse do trabalhador.

2. Princípio da irrenunciabilidade dos direitos trabalhistas

Durante o contrato de trabalho a *renúncia a direitos trabalhistas é*, em princípio, nula,[2] exceto em situações especiais, previstas na lei expressamente.[3]

3. Princípio da primazia da realidade

É uma derivação do *princípio da verdade real*, que informa todo o processo penal. No Direito do Trabalho tem maior valor o fato real do que aquilo que consta de documentos formais.

Assim, mesmo que o empregador registre um salário menor na CTPS, como é comum, a manobra será ineficaz. Para todos os efeitos trabalhistas, valerá o salário realmente pago ao empregado.

2. CLT, art. 9º: "Serão nulos de pleno direito os atos praticados com o objetivo de desvirtuar, impedir ou fraudar a aplicação dos preceitos contidos na presente Consolidação".

3. O art. 7º, VI, da CF, por exemplo, traz um caso em que se admite o rebaixamento salarial mediante convenção ou acordo coletivo. Também é plenamente admitida a transação em juízo.

4. *Princípio da continuidade da relação empregatícia*

Salvo prova em contrário, o contrato de trabalho é tido como ajustado por tempo indeterminado. Alguns autores sustentam que este princípio também se manifesta na proibição da despedida arbitrária ou sem justa causa (art. 7º, I, da CF).

5. *Outros princípios*

Além dos quatro princípios gerais básicos do Direito do Trabalho, a doutrina costuma citar vários outros:

1) *princípio da razoabilidade* (deve o aplicador da lei se nortear pelo bom senso, tendo por base a conduta esperada do homem médio);

2) *princípio da boa-fé* (as partes devem travar e desenvolver o contrato de trabalho sem malícia);

3) *princípio da não discriminação* (em razão de sexo, idade, cor, estado civil ou deficiência – art. 7º, XXX e XXXI, da CF);

4) *princípio da integralidade e intangibilidade do salário* (o salário é, em princípio, imune a descontos e impenhorável);

5) *princípio da irredutibilidade do salário* (art. 7º, VI, da CF);

6) *princípio da autonomia da vontade* (a vontade dos contratantes é livre, desde que não haja ofensa à ordem jurídica ou ao interesse público);

7) *princípio da força obrigatória dos contratos*, ou *pacta sunt servanda* (os contratos devem ser cumpridos), etc.

OS QUATRO PRINCÍPIOS

1. PRINCÍPIO DA PROTEÇÃO
    - *In dubio pro operario*
    - Princípio da condição mais benéfica
    - Princípio da aplicação da norma mais favorável
        - Princípio da hierarquia
        - Princípio da elaboração de normas mais favoráveis
        - Princípio da interpretação mais favorável
2. PRINCÍPIO DA IRRENUNCIABILIDADE DOS DIREITOS TRABALHISTAS
3. PRINCÍPIO DA PRIMAZIA DA REALIDADE
4. PRINCÍPIO DA CONTINUIDADE DA RELAÇÃO EMPREGATÍCIA

Capítulo III

DIREITO INTERNACIONAL DO TRABALHO

1. Organização Internacional do Trabalho-OIT. 2. Normas internacionais: 2.1 Tratados – 2.2 Convenções – 2.3 Recomendações – 2.4 Denúncia – 2.5 Declarações.

1. Organização Internacional do Trabalho-OIT

Na Primeira Grande Guerra Mundial (1914-1919), especialmente na segunda metade, amenizaram-se as lutas sociais internas dos países envolvidos, e a classe dos trabalhadores aderiu integralmente à causa dos governos, sofrendo grandes sacrifícios e pesadas baixas. Esta colaboração importantíssima serviu para aproximar o Estado das questões sociais e trabalhistas.

De outra banda, em 1917 a sangrenta Revolução Russa trouxe grande inquietação para o empresariado, produzindo de imediato a vontade política de conceder alguma melhora no quadro de miséria em que estavam inseridos os trabalhadores.

Em decorrência direta destes dois fatores, foi criada a *Organização Internacional do Trabalho-OIT*, associada à Liga das Nações, através do Tratado de Versalhes (1919).

Hoje é uma agência especializada da ONU e reúne 171 países, com sede em Genebra.

Seus *órgãos são*:

1) *Assembleia-Geral*, da qual participam todos os membros, com representantes dos governos, dos empregadores e dos empregados;

2) *Conselho de Administração*, com funções administrativas e representantes dos principais países industrializados; e

3) *Repartição Internacional do Trabalho*, que faz a função de secretaria, sob a coordenação de um diretor-geral.

2. *Normas internacionais*

2.1 *Tratados*

Tratado é o acordo solene envolvendo dois ou mais Estados soberanos.

Entre nós, a sistemática do tratado é a seguinte: o Presidente da República tem a competência privativa e indelegável para celebrar tratados, convenções e atos internacionais (art. 84, VIII, c/c parágrafo único, da CF), que ficam, entretanto, sujeitos a referendo do Congresso Nacional. Uma vez referendado, o tratado incorpora-se ao Direito Público interno, com a mesma força das demais leis (*RT* 450/241 e *RTJ* 58/70).[1]

2.2 *Convenções*

Convenções são normas editadas pela Assembleia Internacional da OIT, aprovadas por maioria de dois terços dos presentes.

2.3 *Recomendações*

Recomendação é a proposta que não alcançou o *quorum* de dois terços e funciona como simples orientação.

2.4 *Denúncia*

Denúncia é a declaração do Estado soberano indicando que não deseja mais continuar adotando determinada norma internacional. Os organismos internacionais procuram regrar o exercício do direito de denúncia, de modo a limitá-lo a determinados períodos ou a determinadas situações.

2.5 *Declarações*

Documentos com normas não obrigatórias, gerais, de conteúdo programático, que se prestam para orientação dos Estados soberanos.

Baseiam-se normalmente nos princípios de Direito Natural. Exemplo: Declaração Universal dos Direitos do Homem etc.

1. A revogação do tratado ou da convenção não implica revogação da norma incorporada, pois esta, com o referendo do Congresso, tornou-se Direito interno e, como tal, só pode ser revogada por mecanismos internos próprios. Sobre o assunto, v. estudo especial no *Resumo de Direito Civil*, no título "Tratados e Convenções Internacionais".

Capítulo IV

CONTRATO INDIVIDUAL DE TRABALHO

1. Conceito. 2. Forma. 3. Prazo: 3.1 Contrato por prazo determinado – 3.2 Contrato de experiência. 4. Procedimento da admissão: 4.1 Carteira de Trabalho e Previdência Social-CTPS – 4.2 Registro em livro – 4.3 Exame médico admissional.

1. Conceito

Contrato individual de trabalho é o ajuste de vontades pelo qual uma pessoa física (empregado) se compromete a prestar pessoalmente serviços subordinados,[1] não eventuais, a outrem (empregador), mediante o pagamento de salário. As características mais importantes deste contrato são a subordinação, a pessoalidade, a não eventualidade e o salário.

- Subordinação
- Pessoalidade
- Não eventualidade
- Salário (remuneração)

Para a Consolidação das Leis do Trabalho, contrato individual de trabalho é o acordo tácito ou expresso, correspondente à relação de emprego (art. 442).

1. CLT, Art. 6º. "Não se distingue entre o trabalho realizado no estabelecimento do empregador, o executado no domicílio do empregado e o realizado a distância, desde que estejam caracterizados os pressupostos da relação de emprego. Parágrafo único. Os meios telemáticos e informatizados de comando, controle e supervisão se equiparam, para fins de subordinação jurídica, aos meios pessoais e diretos de comando, controle e supervisão do trabalho alheio".

Ao empregar os termos "acordo" e "relação de emprego", o legislador mesclou as teorias contratualista e anticontratualista, conferindo uma natureza jurídica dúplice para o contrato de trabalho.[2]

Entretanto, é difícil afastar a natureza contratual da relação trabalhista, pois não se imagina trabalho livre que não derive de um acordo de vontades.

O contrato individual de trabalho é oneroso, comutativo, sucessivo, não formal, típico, consensual, de adesão, embora possa ser paritário, por exceção.

2. *Forma*

O contrato individual de trabalho é *informal*. Pode ser expresso (escrito ou verbal) ou tácito.

Expresso é o contrato onde há a clara manifestação da vontade das partes.

Ao contrário, *tácito* é o contrato subentendido, deduzido do comportamento dos interessados. Por exemplo, considera-se contratado o trabalho quando alguém passa a prestar serviços a outrem que, sabendo, não se opõe.

3. *Prazo*

A lei presume que o contrato individual de trabalho foi firmado por *prazo indeterminado.* O contrato por prazo certo exige prova. Portanto, é conveniente que o contrato por prazo determinado seja firmado por escrito.

3.1 Contrato por prazo determinado

Somente é admitido o contrato por *prazo determinado* tratando-se de:

1) serviços cuja natureza ou transitoriedade justifiquem a predeterminação do prazo;

2) atividades empresariais de caráter transitório; e

2. Para os contratualistas as relações entre o empregador e seu empregado têm como causa a vontade das partes e constituem um contrato, geralmente de adesão. Já para os anticontratualistas as relações de emprego derivam da incorporação do empregadc a uma comunidade de trabalho ou a uma instituição (empresa), sendo mínima ou inexistente a possibilidade de exercício da vontade do empregado, que não tem o poder de discutir as cláusulas que lhe são impostas.

3) contrato de experiência (art. 443, § 2º).[3]

Se for fixado prazo certo fora dessas situações, haverá nulidade da cláusula, e o contrato vigorará por prazo indeterminado. O mesmo ocorrerá se o contrato por prazo determinado contiver cláusula assegurando direito recíproco de rescisão antes do termo fixado e se for exercido tal direito (art. 481).

Como se vê, o contrato por prazo determinado deve estar previsto na lei e não pode conter cláusula garantindo direito de rescisão antes do termo final ajustado.

É permitida a *prorrogação* somente por uma única vez. Não se admite, porém, que ultrapasse o prazo global de dois anos, computada a prorrogação (art. 445). Excedido este limite ou prorrogado mais de uma vez, o contrato passa a vigorar sem determinação de prazo. O mesmo ocorrerá se um contrato suceder a outro antes de seis meses, salvo se o fim do primeiro contrato dependeu da execução de serviços especializados ou da realização de certos eventos (art. 452).

Extingue-se o contrato por prazo determinado simplesmente com o fim do prazo, sem que seja devido o aviso prévio.

Mas, havendo *despedida sem justa causa* antes do termo final, o empregador será obrigado a pagar ao empregado indenização equivalente à metade da remuneração que seria devida até o final do contrato (art. 479).

Caso *o empregado queira se demitir*, *sem justa causa*, antes do prazo, será obrigado a indenizar o empregador dos prejuízos porventura causados por essa rescisão antecipada (art. 480). Essa indenização não poderá exceder aquela que incumbiria ao empregador, nas mesmas condições (metade da remuneração que seria devida até o fim do contrato).

3. A legislação não consolidada admite o contrato por prazo determinado no caso de contrato de aprendizagem (D 5.598/2005, art. 3º: prazo máximo de 2 anos), contrato por obra ou serviço certo (art. 2º da L 2.959/56), contrato de técnico estrangeiro de serviços especializados, de caráter provisório, com estipulação de pagamento em moeda estrangeira (art. 1º do DL 691/69), contrato de atleta profissional (art. 30 da L 9.615/98 – vigência nunca inferior a três meses), contrato de artistas (art. 10, II, da L 6.533/78, cuja vigência foi mantida pela L 9.610/98), contrato de safra (parágrafo único do art. 14 da L 5.889/73) e no contrato que gere novos empregos (L 9.601/98: "Art. 1º. As convenções e os acordos coletivos de trabalho poderão instituir contrato de trabalho por prazo determinado, de que trata o art. 443 da Consolidação das Leis do Trabalho (CLT), independentemente das condições estabelecidas em seu § 2º, em qualquer atividade desenvolvida pela empresa ou estabelecimento, para admissões que representem acréscimo no número de empregados").

3.2 Contrato de experiência

Para observar o empregado, antes da contratação definitiva, pode o empregador ajustar um *contrato de experiência.*

É também um contrato a prazo determinado, que se orienta pelas mesmas regras. A única diferença é o prazo máximo de 90 dias, que não poderá ser ultrapassado, mesmo somado o tempo da única prorrogação permitida (art. 445, parágrafo único).

4. Procedimento da admissão

4.1 Carteira de Trabalho e Previdência Social-CTPS

Sem a *CTPS* o empregado não pode ser admitido ao trabalho.[4]

A contratação do empregado deve ser anotada pelo empregador na CTPS, no prazo máximo de 48 horas.

Nas localidades onde não for emitida a CTPS poderá ser admitido, até 30 dias, o exercício de emprego ou atividade remunerada por quem não a possua, ficando a empresa obrigada a permitir o comparecimento do empregado ao posto de emissão mais próximo. Nesta hipótese, o empregador fornecerá ao empregado, no ato da admissão, documento do qual constem a data da admissão, a natureza do trabalho, o salário e a forma de seu pagamento.

Anotam-se, no local apropriado, a data de admissão, a remuneração integral, sua espécie, inclusive estimativa de gorjetas, as condições especiais de trabalho, se houver (art. 29), além da função.

Na CTPS são anotados também os períodos de férias, os períodos de suspensão e interrupção e as informações sobre o PIS. Os acidentes do trabalho, a alteração do estado civil e a indicação de dependentes são anotados exclusivamente pelo órgão da Previdência Social.

A CTPS é entregue no ato da admissão pelo empregado ao empregador, mediante recibo. A retenção do documento pelo empregador pode caracterizar contravenção penal.[5]

4. A anotação é sempre obrigatória. Não existe o popular *período de prova* sem registro em carteira. Para experiências existe o contrato de experiência, que não exime o empregador da obrigação de anotar a CTPS. A anotação falsa ou incorreta e a omissão do registro na CTPS constituem crimes, apenados com reclusão de 2 a 6 anos (art. 297, §§ 3º, II, e 4º, do CP).

5. L 5.553/68:

Não são admitidas anotações desabonadoras ou desairosas.[6]

Havendo recusa ou falta de anotação, pode ser requerida a instauração de procedimento administrativo (arts. 36 e ss.) na DRT. Havendo dúvida sobre a relação de emprego, o processo é encaminhado para a Justiça do Trabalho. Sendo o caso, a Secretaria do órgão judicial providenciará o lançamento das anotações.

As anotações apostas pelo empregador na CTPS geram presunção relativa, *juris tantum*, em relação ao contrato de trabalho, admitindo-se prova em contrário (Súmula 12 do TST).

4.2 Registro em livro

O *registro* no *Livro de Empregados* também é obrigatório e deve ser anterior ao início da prestação do trabalho. São anotados os dados sobre a qualificação civil ou profissional, a admissão, duração do trabalho, férias, acidentes e todas as demais circunstâncias que interessem à proteção do trabalhador.

"Art. 1º. A nenhuma pessoa física, bem como a nenhuma pessoa jurídica, de direito público ou de direito privado, é lícito reter qualquer documento de identificação pessoal, ainda que apresentado por fotocópia autenticada ou pública-forma, inclusive comprovante de quitação com o serviço militar, título de eleitor, carteira profissional, certidão de registro de nascimento, certidão de casamento, comprovante de naturalização e carteira de identidade de estrangeiro.

"Art. 2º. Quando, para a realização de determinado ato, for exigida a apresentação de documento de identificação, a pessoa que fizer a exigência fará extrair, no prazo de até 5 (cinco) dias, os dados que interessarem, devolvendo em seguida o documento ao seu exibidor.

"§ 1º. Além do prazo previsto neste artigo, somente por ordem judicial poderá ser retido qualquer documento de identificação pessoal.

"§ 2º. Quando o documento de identidade for indispensável para a entrada de pessoa em órgãos públicos ou particulares, serão seus dados anotados no ato e devolvido o documento imediatamente ao interessado.

"Art. 3º. Constitui contravenção penal, punível com pena de prisão simples de 1 (um) a 3 (três) meses ou multa de cinquenta centavos a três cruzeiros novos, a retenção de qualquer documento a que se refere esta Lei.

"Parágrafo único. Quando a infração for praticada por preposto ou agente de pessoa jurídica, considerar-se-á responsável quem houver ordenado o ato que ensejou a retenção, a menos que haja, pelo executante, desobediência ou inobservância de ordens ou instruções expressas, quando, então, será este o infrator.

"Art. 4º. O Poder Executivo regulamentará a presente Lei dentro do prazo de 60 (sessenta) dias, a contar da data de sua publicação."

6. De acordo com os §§ 4º e 5º acrescentados ao art. 29 da CLT pela L 10.270, de 29.1.2001, é vedado ao empregador efetuar anotações desabonadoras à conduta do empregado em sua Carteira de Trabalho e Previdência Social; o descumprimento dessa disposição submeterá o empregador ao pagamento de multa.

A falta de registro implica imposição de multa.

4.3 *Exame médico admissional*

Todo empregado admitido deve passar por *exame médico*, por conta do empregador, embora não seja mais necessária a abreugrafia.

O exame compreende avaliação clínica, abrangendo anamnese ocupacional, exame físico e mental e os exames complementares especificados na NR-7, que regula a matéria.

O exame médico admissional deve ser realizado antes que o trabalhador assuma suas funções.

No exame, o médico emite o *Atestado de Saúde Ocupacional* (ASO), em duas vias. A primeira fica arquivada no local de trabalho e a segunda é entregue ao trabalhador, mediante recibo.

Capítulo V

SUJEITOS DO CONTRATO DE TRABALHO

1. O empregador

1.1 Conceito

Empregador é a pessoa física ou jurídica que assume os riscos da atividade econômica, admite, dirige e assalaria a prestação pessoal de serviços. Equiparam-se ao empregador o *profissional liberal*, a *instituição de beneficência*, as *associações recreativas* e outras *instituições sem fins lucrativos* que admitam trabalhadores como empregados.

Alguns entes sem personalidade jurídica, como a *família* e a *massa falida*, podem assumir as condições de empregador.

1.2 Grupo de empresas

Pode ocorrer que várias empresas se reúnam em *grupo econômico*, sob controle, direção ou administração de apenas uma delas. Mesmo que exista personalidade jurídica própria de cada participante do grupo, haverá responsabilidade solidária entre a empresa principal e suas subordinadas, em relação às obrigações trabalhistas.

1.3 Sucessão de empresas

O contrato de trabalho, que é pessoal em relação ao empregado, não *é intuitu personae* em relação ao empregador.

Com uma única exceção, a mudança na propriedade ou na estrutura jurídica[1] da empresa em nada afeta os contratos de trabalho (art. 448) dos respectivos empregados (princípio da continuidade do contrato de trabalho). Por isto, não pode o empregado se recusar a trabalhar e dar por rescindido o contrato pela mera sucessão.

Permanecem exigíveis todas as obrigações trabalhistas vencidas anteriormente e ainda não cumpridas. As questões referentes à transferência da empresa são de índole civil ou comercial e em nada afetam os empregados, que, aliás, nem são parte na avença.

A exceção antes referida ocorre na morte do empregador constituído em empresa individual. É facultado ao empregado rescindir o contrato de trabalho (art. 483, § 2º). Não se trata de justa causa. Aqui o empregado está dispensado de prestar aviso prévio, mas não recebe a multa do FGTS.

1.4 Responsabilidade dos sócios

Há tendência jurisprudencial no sentido de levar a *responsabilidade trabalhista* além dos limites do capital social da empresa, comprometendo também os bens particulares dos sócios, especialmente dos sócios dirigentes. Na desconsideração dos limites da pessoa jurídica,[2] alguns julgados presumem a culpa do sócio-administrador, outros exigem configuração de fraude à lei ou violação de norma contratual.

1.5 Poder de direção

1.5.1 Noção

O empregador detém o poder de organizar, fiscalizar e controlar o desenvolvimento de sua empresa. Este poder deriva do direito de propriedade (teoria da propriedade), das prerrogativas inerentes ao contrato de trabalho subordinado (teoria contratual) e das normas que regulam a empresa como instituição voltada para um fim determinado (teoria institucionalista).

1. *Incorporação* ocorre quando uma ou mais empresas são absorvidas por outra. *Transformação* é a mudança da sociedade de um tipo para outro, como de Ltda. para S/A, por exemplo. *Fusão* é a união de duas ou mais empresas, para a formação de uma terceira.

2. Sobre a *desconsideração da pessoa jurídica* v. estudo completo no *Resumo de Direito Comercial*, desta mesma Coleção.

O *poder de direção* do empregador manifesta-se em três modalidades: *poder disciplinar*, *poder organizador* e *poder controlador*.[3]

1.5.2 Poder disciplinar

No exercício do *poder disciplinar*, pode o empregador aplicar penalidades ao empregado indisciplinado ou desidioso.

São três as penalidades admissíveis: a *advertência*, a *suspensão* dos dias de trabalho, com prejuízo dos salários e do repouso semanal remunerado, e a *demissão por justa causa*, que será tratada em tópico próprio.

PENALIDADES {
- Advertência (escrita ou verbal)
- Suspensão (por até 30 dias)
- Demissão por justa causa

A *advertência* não está prevista expressamente na legislação, mas é pacificamente admitida, por ser um mínimo em relação à suspensão – quem pode o mais pode o menos.

O prazo comum de *suspensão* é de 1 a 5 dias, embora também não exista texto legal graduando a medida. Em todo caso, a suspensão não pode exceder 30 dias consecutivos, sob pena de caracterizar rescisão injusta do contrato de trabalho (art. 474).

Tanto a advertência como a suspensão podem ser impostas verbalmente ou por escrito.

Não há necessidade de aplicar penalidade antes de demitir o empregado por *justa causa*, nem existe hierarquia ou ordem de precedência entre as penalidades.

As penalidades aplicadas pelo empregador são passíveis de revisão via ação judicial, na Justiça do Trabalho, que anulará aquelas que forem injustas ou abusivas.

3. O *poder de direção* do empregador está sujeito aos limites do art. 483, que possibilita ao empregado considerar rescindido o contrato de trabalho: "O empregado poderá considerar rescindido o contrato e pleitear a devida indenização quando: a) forem exigidos serviços superiores ás suas forças, defesos por lei, contrários aos bons costumes, ou alheios ao contrato; b) for tratado pelo empregador ou por seus superiores hierárquicos com rigor excessivo; c) correr perigo manifesto de mal considerável; d) não cumprir o empregador as obrigações do contrato; e) praticar o empregador ou seus prepostos, contra ele ou pessoas de sua família, ato lesivo da honra e boa fama; f) o empregador ou seus prepostos ofenderem-no fisicamente, salvo em caso de legítima defesa, própria ou de outrem; g) o empregador reduzir o seu trabalho, sendo este por peça ou tarefa, de forma a afetar sensivelmente a importância dos salários".

1.5.3 Poder controlador

Poder de controle é o poder de fiscalização. Admite-se a revista pessoal no empregado, desde que não cause vexame ou ofensa à integridade moral. É proibida a revista íntima nas empregadas ou funcionárias (art. 373-A, VI).

A submissão do empregado ao cartão de ponto e ao livro de ponto também se inclui no poder de controle do empregador.

1.5.4 Poder de organizar

É o poder de nortear os rumos da empresa. Algumas legislações possibilitam a participação dos empregados na gestão da empresa.

Pode o empregador organizar seu pessoal, editando um regulamento de empresa, ou classificá-lo, criando um quadro de carreira,[4] onde as promoções são reguladas pelos critérios de antiguidade e merecimento.[5]

Na prática, o *poder de organização* materializa-se na emissão de ordens, que podem ser pessoais (ao empregado) ou gerais (para todos os empregados).

2. O empregado[6]

2.1 Conceito

Empregado é a pessoa física que presta serviços de natureza não eventual a empregador, sob sua dependência, mediante o pagamento de salário (art. 3º). Como se vê, são elementos essenciais do conceito de empregado: a pessoa física, a prestação pessoal do serviço (pessoalidade), a continuidade, a subordinação ao empregador e a remuneração.[7]

4. V. § 2º do art. 461 da CLT e Súmula 6 do TST.

5. Havendo *quadro de carreira*, a desobediência aos critérios fixados para promoção ou a classificação incorreta conferem ao empregado o direito de ingressar em juízo reclamando seu direito de promoção.

6. **Trabalhador portador de deficiência**. A empresa com 100 ou mais empregados está obrigada a preencher de 2% a 5% dos seus cargos com beneficiários reabilitados ou pessoas portadoras de deficiência, habilitadas, na seguinte proporção: I – até 200 empregados: 2%; II – de 201 a 500: 3%; III – de 501 a 1.000: 4%; IV – de 1.001 em diante: 5% (L 8.213/91, art. 93).

Dispensa. A dispensa de pessoa com deficiência ou de beneficiário reabilitado da Previdência Social ao final de contrato por prazo determinado de mais de 90 dias e a dispensa imotivada em contrato por prazo indeterminado somente poderão ocorrer após a contratação de outro trabalhador com deficiência ou beneficiário reabilitado da Previdência Social (L 8.213/91, art. 93, § 1º).

7. "A 1ª T. do TST, por unanimidade, decidiu que a prestação de serviços por duas vezes na semana é insuficiente para a caracterização de vínculo de emprego da diarista na

- Pessoa física
- Pessoalidade
- Não eventualidade (continuidade)
- Subordinação
- Remuneração

Partindo destes elementos, vamos estudar os diversos tipos de trabalhadores e suas relações de trabalho.

Desde já observe-se que nem todo trabalhador é considerado empregado para a legislação.

2.2 Tipos de trabalhadores

2.2.1 Aprendiz

Empregado *aprendiz* é maior de 14 e menor de 24 anos, que recebe formação profissional metódica no trabalho ou é matriculado em curso do Serviço Nacional de Aprendizagem ou outra entidade qualificada. O salário é o salário-mínimo hora, e a jornada não excederá de 6 horas (arts. 428 e 432, da CLT, redação das L 10.097/2000 e 11.180/2005).

2.2.2 Eventual

O trabalhador *eventual* não é empregado e sua atividade é regulada pelo Direito Civil (locação de serviços). Ele presta trabalho subordinado, mas ocasionalmente, apenas para um evento determinado, em atividade diversa da atividade-fim do empregador. É eventual o jardineiro, contratado esporadicamente para manutenção do gramado da empresa fabricante de biscoitos. Também são considerados eventuais o "bóia-fria" e o "chapa".

O trabalhador eventual pode assumir a condição de empregado se a prestação de serviços for constante, para o mesmo contratante. Existe forte corrente doutrinária defendendo a aplicação de alguns direitos trabalhistas compatíveis com a atividade do eventual, como o fim de semana remunerado, a garantia do salário mínimo, férias etc.

condição de empregada doméstica" (RR 52.776/2002-900-16-00.1, *Jornal do Advogado* 293, abril/2005, p. 24).

2.2.3 Autônomo

O trabalhador *autônomo* trabalha por conta própria, não é subordinado. As relações jurídicas entre o autônomo e sua freguesia são de cunho civil ou comercial.

Há empregadores que inscrevem seus empregados como autônomos para fugir dos encargos trabalhistas. Por causa disso, a jurisprudência tem reconhecido o vínculo empregatício quando a autonomia é desvirtuada, com a prestação de serviços reiterados exclusivamente para um único "cliente", havendo subordinação.

2.2.4 Avulso

Trabalhador *avulso* é o estivador ou equiparado, que não é contratado diretamente pelo tomador do serviço. O sindicato respectivo ajusta o trabalho com a empresa e distribui as tarefas entre vários sindicalizados, repartindo entre eles o valor recebido. O trabalho avulso típico é o desenvolvido nos portos, na descarga dos navios. Entretanto, a L 8.212/91 ampliou o conceito de avulso para todos que, sem vínculo empregatício, prestam, para diversas empresas, serviços de natureza urbana ou rural, com intervenção obrigatória do sindicato da categoria ou órgão gestor de mão-de-obra. A Constituição Federal equipara os direitos do trabalhador avulso aos do empregado regular (art. 7º, XXXIV).[8]

2.2.5 Pequeno empreiteiro

A figura do *empreiteiro* não se confunde com a do empregado. O contrato de empreitada não é um contrato individual de trabalho e segue normas próprias, do Direito Civil. O empreiteiro pode ser tanto pessoa física como jurídica, mas o empregado, por definição, somente será pessoa física. O empregado presta serviços subordinados, sob a direção do empregador (contrato de atividade). Na empreitada o contrato é de resultado, sem trabalho subordinado.

Mesmo não sendo empregado e não gozando de direitos trabalhistas, o empreiteiro operário ou artífice pode se valer da Justiça do Trabalho para decidir as questões decorrentes de seu contrato de empreitada (art. 652, "a", III). Por empreiteiro operário ou artífice entende-se a pessoa física (autônomo) que presta pessoalmente o serviço, sem o auxílio de empregados.

8. A L 12.023, de 27.8.2009, dispõe sobre o trabalho avulso.

2.2.6 Temporário

O trabalhador *temporário* é contratado por uma empresa especializada em locação de mão-de-obra para suprir necessidades transitórias do cliente (ou tomador do serviço).

Em princípio não há relação trabalhista entre o tomador e o trabalhador, que mantém vínculo apenas com a empresa de locação.

O trabalho temporário é regulado pela L 6.019/74. As regras básicas são as seguintes:

1) o contrato deverá ser obrigatoriamente escrito;

2) o prazo máximo é de três meses, salvo autorização do Ministério do Trabalho;

3) a remuneração deve ser equivalente à recebida pelos empregados da mesma categoria na empresa tomadora;

4) jornada de oito horas com, no máximo, duas horas extras, repouso semanal remunerado, adicional por trabalho noturno, FGTS e proteção previdenciária;

5) no caso de falência da empresa locadora do trabalho temporário, o tomador será solidariamente responsável pelo pagamento das verbas trabalhistas e previdenciárias.

2.2.7 Doméstico

O empregado doméstico presta serviços continuados, subordinados, de forma onerosa e pessoal e de finalidade não lucrativa à pessoa ou à família, no âmbito residencial destas, por mais de 2 dias por semana (art. 1º da LC 150/2015). É o caso da babá, do copeiro, do motorista particular, do cozinheiro, da empregada doméstica, do mordomo, do jardineiro e do caseiro.

Descaracteriza-se o trabalho doméstico quando o empregado auxilia no serviço lucrativo do patrão ou há exploração de atividade econômica.

É proibido o trabalho doméstico para menores de 18 anos.[9]

2.2.7.1 Direitos do trabalhador doméstico

Os direitos constitucionais do empregado doméstico estão no parágrafo único do art. 7º da CF e foram regulamentados pela LC 150/2015. São quase os mesmos direitos do trabalhador comum.

9. Convenção 182/1999 da OIT e art. 1º, § único da LC 150/2015.

Empregado doméstico: direitos

Salário mínimo	☺
Irredutibilidade de salário	☺
Décimo terceiro salário	☺
Jornada normal diária de 8 horas e semanal de 44 horas	☺
Repouso semanal remunerado	☺
Horas extras com remuneração superior, no mínimo, em 50%	☺
Férias anuais com acréscimo de 1/3	☺
Férias proporcionais (se não houver justa causa – art. 17, § 1º, LC 150/2015)	☺
Licença-gestante e licença-paternidade	☺
Aviso prévio proporcional ao tempo de serviço	☺
Sujeição do trabalho às normas de proteção referentes à saúde, higiene e segurança	☺
Aposentadoria	☺
Proibição de diferença salarial, exercício de funções e critério de admissão por motivo de sexo, idade, cor, estado civil ou deficiência	☺
Remuneração superior em 25% nas viagens	☼
Estabilidade durante a gestação, desde a confirmação da gravidez até 5 meses após o parto	☺
Proteção contra a despedida arbitrária ou sem justa causa	☺
Seguro-desemprego	☺
Fundo de Garantia por Tempo de Serviço	☺
Remuneração superior para o trabalho noturno	☺
Salário-família	☺
Seguro contra acidentes de trabalho	☺
Integração à Previdência Social	☺
Proteção ao trabalho de menores (só maiores podem ser contratados como domésticos – art. 1º, § único, LC 150/2015)	☺
Pagamento em dobro de férias vencidas e não concedidas no período próprio[10]	☺

☺ = Tem direito ☼ = direito exclusivo do doméstico?

10. **Dobra de férias, tema controverso.** O § 6º do art. 17 da LC 150/95 estipula que "As férias serão concedidas pelo empregador nos 12 meses subsequentes à data em que o empregado tiver adquirido o direito", mas não estabelece penalidade para o não cumprimento. No entanto, o TST vem há tempo firmando entendimento no sentido de que a dobra prevista no art. 137 da CLT é devida também ao empregado doméstico (TST, 4ª T., RR-30423/2002-900-02-00.7, rel. Min. Fernando Eizo Ono, j. 19.8.2009).

A prescrição dos créditos trabalhistas domésticos é igual aos do trabalhador comum: 5 anos até o limite de 2 anos após a extinção do contrato de trabalho.

2.2.7.2 Direitos não conferidos ao trabalhador doméstico

Piso salarial	☹
Participação nos lucros e na gestão	☹
Proteção do mercado de trabalho da mulher	☹
Adicional para atividades penosas, insalubres ou perigosas	☹
Assistência gratuita aos filhos e dependentes até os 5 anos em creches e pré-escolas	☼
Proteção em face da automação	☹
Estabilidade em razão de acidente de trabalho (art. 118 da L 8.213/91)	☹
Levantamento do FGTS em pedido de demissão (art. 118 da L 8.213/91)	☹

☹ = Não tem direito

☼ = Direito que depende de regulamentação (art. 7º, § único, CF)

2.2.7.3 Particularidades da relação de trabalho doméstico

O empregador é obrigado a manter um registro do horário de trabalho do empregado doméstico. Este registro pode ser manual, mecânico ou eletrônico.

Durante as férias, se o empregado doméstico reside no local de trabalho, pode permanecer ali durante o período. Mas, o fornecimento de moradia na própria residência ou em morada anexa não gera ao empregado direito de posse ou de propriedade sobre o imóvel.

Nas viagens em que o empregado doméstico acompanha o empregador, prestando serviços, somente são consideradas as horas efetivamente trabalhadas. As eventuais horas extras podem ser compensadas em outro dia. Mas, a obrigação de acompanhar o empregador na viagem só existe se houver acordo escrito anterior neste sentido. A remuneração neste caso deve ser, no mínimo, 25% superior.

Não se aplica ao empregador a multa de 40% sobre o montante dos depósitos do FGTS, no caso de despedida sem justa causa. A proteção contra as despedida arbitrária dá-se por um curioso sistema próprio, em que o empregador adianta o pagamento da multa rescisória. Com efeito, o empregador doméstico deve depositar mensalmente 3,2% da remuneração do empregado no FGTS, além dos 8% normais. A soma desses depósitos é levantada pelo empregado como indenização compensatória por despedida arbitrária (sem justa causa ou por culpa do empregador).

Ocorrendo dispensa com justa causa, pedido de demissão, término do contrato por prazo determinado, aposentadoria ou falecimento do empregado doméstico, os valores depositados são levantados pelo empregador.

Na hipótese de culpa recíproca, metade do valor é levantada por cada um, empregado e empregador.

2.2.7.4 O Simples Doméstico *(eSocial)*

Por meio eletrônico,[11] o empregador deve se inscrever e inscrever o empregado doméstico no site próprio *(eSocial)*, onde também é emitido o documento único de arrecadação.

Mensalmente são recolhidas seis verbas:[12]

8%, 9% ou 11%[12]	contribuição social (empregado)
8%	contribuição previdenciária (empregador)
0,8%	seguro contra acidentes do trabalho (empregador)
8%	FGTS (empregador)
3,2%	multa rescisória antecipada (empregador)
variável	imposto sobre a renda retido na fonte (empregado)

2.2.8 Empregado em domicílio

O *empregado em domicílio* é o empregado típico, subordinado, não eventual e remunerado. Entretanto, ao invés de prestar serviços no estabelecimento do empregador, o empregado trabalha em sua própria casa, como algumas costureiras, bordadeiras, overloquistas etc. Havendo subordinação, a relação empregatícia é plena, como qualquer outro empregado.

2.2.9 Rural

Empregado *rural* é a pessoa física que, em propriedade rural ou prédio rústico, presta serviços de natureza não eventual a empregador que

11. **Preenchimento manual.** O art. 32, § único, da LC 150/2015 prevê uma regulamentação para os casos de impossibilidade de utilização do sistema eletrônico .

12. **Tabela.** O valor da contribuição é variável conforme a tabela do art. 20 da L 8.212/91.

explore atividade agroeconômica, sob a dependência deste e mediante salário.

O trabalho rural tem disciplina própria, pela L 5.889/73. A Constituição Federal expandiu os direitos do rural, equiparando-os aos dos trabalhadores urbanos (art. 7º, *caput*). São regidos pelo Direito Civil os contratos de parceria agrícola e meação. Porém, tem entendido a jurisprudência que se o contrato de parceria ou meação estiver desvirtuado, havendo subordinação, estará configurada relação empregatícia.

2.2.10 Mãe social

A L 7.644/87 criou a figura especial – e infelizmente rara – da *mãe social*, com direitos trabalhistas.[13] A mãe social presta serviços, em regime de exclusividade, em uma *casa-lar*, que recebe até 10 menores em situação irregular. A mãe social deve residir na casa-lar, junto com os menores. A intenção é propiciar ambiente semelhante ao familiar, para o desenvolvimento e integração social.

Os menores recebem ensino profissionalizante e são encaminhados ao mercado de trabalho. Parte do salário recebido é aplicada pela casa-lar nas despesas que tem com a manutenção do próprio menor. Vale anotar que os menores residentes são considerados dependentes da mãe social respectiva, para os efeitos dos benefícios previdenciários.

2.2.11 Terceirizado

Para diminuir os custos operacionais e pela necessidade de especialização acelerada, as empresas passaram a contratar terceiros para o desempenho de algumas atividades que outrora eram desenvolvidas com pessoal próprio.

Esta tendência fez surgir um desvio, que é a figura do *marchandage*, reprovada em escala mundial. O *atravessador* interpõe-se entre o empregado e o empregador, prejudicando a caracterização da relação de emprego e, principalmente, aviltando o salário.

Para evitar essa fraude, o sistema jurídico ora desconsidera o intermediário, firmando vínculo direto entre trabalhador e tomador, e ora impõe

13. L 7.644/87: "Art. 5º. À mãe social são assegurados os seguintes direitos: anotação na Carteira de Trabalho e Previdência Social; remuneração, não inferior ao salário mínimo; repouso semanal remunerado de 24 horas consecutivas; apoio técnico, administrativo e financeiro no desempenho de suas funções; 30 dias de férias anuais, benefícios e serviços previdenciários e acidentários; gratificação de natal e FGTS".

a responsabilidade solidária entre o intermediário e o tomador pelo pagamento das verbas trabalhistas.

No Brasil houve uma evolução jurisprudencial. De início, a relação com o intermediário era desconsiderada. Entendia-se que o trabalhador terceirizado tinha vínculo empregatício diretamente com o tomador dos serviços.[14] Com o tempo essa posição foi sendo temperada e o Tribunal Superior do Trabalho passou a admitir uma série de exceções.[15]

Hoje a matéria pode ser resumida a duas regras básicas:

PRIMEIRA – A contratação de trabalhadores por empresa interposta é ilegal e induz vínculo empregatício com o tomador do serviço, salvo quatro exceções:

- trabalho temporário
- contratação com a Administração Pública
- contratação de serviços de vigilância, de conservação, de limpeza
- contratação de serviços especializados ligados à atividade-meio[16] do tomador, desde que inexista pessoalidade e subordinação direta

14. "É bancário o empregado de empresa de processamento de dados que presta serviço a banco integrante do mesmo grupo econômico, exceto quando a empresa de processamento de dados presta serviços a banco e a empresas não bancárias do mesmo grupo econômico ou a terceiros" (Súmula 239 do TST).

15. Súmula 331 do TST (revisão do En. 256):

"I – A contratação de trabalhadores por empresa interposta é ilegal, formando-se o vínculo diretamente com o tomador dos serviços, salvo no caso de trabalho temporário (Lei n. 6.019, de 3.1.1974).

"II – A contratação irregular de trabalhador, através de empresa interposta, não gera vínculo de emprego com os órgãos da Administração Pública direta, indireta ou fundacional (art. 37, II, da Constituição da República).

"III – Não forma vínculo de emprego com o tomador a contratação de serviços de vigilância (Lei n. 7.102, de 20.6.1983), de conservação e limpeza, bem como a de serviços especializados ligados à atividade-meio do tomador, desde que inexistentes a pessoalidade e a subordinação direta.

"IV – O inadimplemento das obrigações trabalhistas, por parte do empregador, implica a responsabilidade subsidiária do tomador dos serviços quanto àquelas obrigações, desde que tenha participado da relação processual e conste também do título executivo judicial.

"V – Os entes integrantes da Administração Pública direta e indireta respondem subsidiariamente, nas mesmas condições do item IV, caso evidenciada a sua conduta culposa no cumprimento das obrigações da Lei n. 8.666, de 21.6.1993, especialmente na fiscalização do cumprimento das obrigações contratuais e legais da prestadora de serviço como empregadora. A aludida responsabilidade não decorre de mero inadimplemento das obrigações trabalhistas assumidas pela empresa regularmente contratada.

"VI – A responsabilidade subsidiária do tomador de serviços abrange todas as verbas decorrentes da condenação referentes ao período da prestação laboral."

16. Por *atividade-meio* entende-se aquela não ligada diretamente ao fim da empresa (*atividade-fim*). Por exemplo, é atividade-meio a manutenção do refeitório na indústria metalúrgica.

SEGUNDA – No caso de inadimplemento das obrigações trabalhistas por parte do empregador sempre haverá responsabilidade subsidiária do tomador, desde que ele tenha participado do processo judicial de conhecimento e conste do título executivo.

2.2.12 Cooperado

Cooperativas são sociedades de pessoas que reciprocamente se obrigam a contribuir com bens ou serviços para o exercício de uma atividade econômica, de proveito comum, sem objetivo de lucro (art. 3º da L 5.764/71).

Qualquer que seja o ramo de atividade da cooperativa, não existe vínculo empregatício entre ela e seus associados, nem entre estes e os tomadores de serviços daquela (art. 90 da L 5.764/71).

A fórmula, muito útil para os pequenos produtores, tem sido utilizada também nas cooperativas de trabalhadores. Entretanto, ocorre desvirtuamento quando a cooperativa é utilizada como instrumento de burla à lei trabalhista.

Com o apoio do tomador, algumas cooperativas são criadas e, imediatamente, desaparece a contratação direta. Sem outra alternativa, o antigo empregado é obrigado a se transformar em "cooperado", prestando serviço subordinado, sem participar de eleições e, especialmente, com substancial diminuição de salário (que passa a se chamar "retirada"). O Ministério Público tem promovido algumas ações visando à extinção dessas pseudocooperativas, pela ilicitude do objeto.

A contratação nestas condições de fraude deve sofrer as mesmas restrições e penalidades previstas para a terceirização irregular.

2.2.13 Diretor de companhia

Para a caracterização da relação de emprego é necessário que haja subordinação. E aqui se apresenta o problema do empregado que assume o cargo de *diretor de companhia.* Se ainda houver subordinação a relação trabalhista permanecerá íntegra. Mas se realmente existir pleno poder de direção o contrato de trabalho será suspenso, não se computando o tempo de serviço durante o exercício da direção, salvo se permanecer a subordinação jurídica inerente à relação de emprego (Súmula 269 do TST).

2.2.14 Cargo de confiança

Cargo de confiança é aquele da alta hierarquia da empresa, preenchido por empregado depositário de uma confiança especial, incomum, do empregador. É o caso típico do gerente.

O empregado passa a ter amplo poder de deliberação, substituindo o próprio empregador e representando a empresa nas relações externas. Não está subordinado a horário e não tem estabilidade no cargo; sua recondução ao cargo anterior não constitui ilegalidade.

2.2.15 Empregado acionista

Nada impede que o empregado seja também *acionista* da empresa. Mas se passa a ter quantidade de ações suficientes para definir os rumos da empresa, desaparecerá a subordinação, descaracterizando a relação empregatícia.

2.2.16 Menor

A *capacidade trabalhista* plena ocorre aos 18 anos. A idade mínima para trabalhar é 18 anos,[17] embora o menor com 14 anos possa ser admitido como aprendiz.

Para firmar ou alterar cláusula do *contrato de trabalho* o menor de 18 anos precisa de autorização do responsável. Essa autorização é presumida pela posse da CTPS, pois para a expedição desse documento já é exigida a autorização do responsável.

O menor de 18 anos não pode dar quitação em *recibo de indenização* sem a assistência de seu responsável legal. Mas poderá sozinho firmar *recibo do pagamento de salários.*

Ao menor é proibido o *trabalho noturno, perigoso, insalubre* (art. 7º, XXXIII, da CF) e em locais ou serviços *prejudiciais à sua moralidade*[18] (art. 405, II, da CLT). O trabalho do menor nas ruas, praças e outros *logradouros públicos* dependerá de prévia autorização do Juiz da Infância e da Juventude.

Não é empregado o menor que presta serviços em *oficinas* em que trabalhem exclusivamente pessoas da família, sob direção de seu pai, mãe ou tutor (art. 402, parágrafo único).

17. Art. 7º, XXXIII, da CF, com a redação da EC 20/98.

18. Art. 405, § 3º, da CLT: "Considera-se prejudicial à moralidade do menor o trabalho: a) prestado de qualquer modo em teatros de revista, cinemas, boates, cassinos, cabarés, *dancings* e estabelecimentos análogos; b) em empresas circenses, em funções de acrobata, saltimbanco, ginasta e outras semelhantes; c) de produção, composição, entrega ou venda de escritos, impressos, cartazes, desenhos, gravuras, pinturas, emblemas, imagens e quaisquer outros objetos que possam, a juízo da autoridade competente, prejudicar sua formação moral; d) consistente na venda, a varejo, de bebidas alcoólicas".

O *contrato de trabalho* do menor, ou de qualquer outro incapaz apontado na lei civil, firmado sem assistência do responsável é, em princípio, nulo. Mas as verbas trabalhistas são devidas.

Se ocorrer possibilidade de prejuízo de ordem física ou moral ao menor, seu responsável pode pleitear a rescisão do contrato de trabalho.

2.2.17 Mulher

Várias proibições discriminatórias ao *trabalho feminino* caíram com a adoção ampla do *princípio da igualdade* pela CF.

Assim, não são mais proibidos para a mulher a prorrogação da jornada,[19] o trabalho insalubre, perigoso, noturno, em subterrâneos, minerações, subsolos, pedreiras e nas obras de construção, como determinava o antigo texto da CLT.

Até a atual Constituição a mulher casada necessitava de autorização do marido para trabalhar, embora fosse presumida tal autorização. O marido ainda poderia rescindir o contrato de sua esposa quando o trabalho fosse suscetível de acarretar ameaça aos vínculos da família ou perigo manifesto às condições da mulher.

Sobrevivem na legislação apenas as *disposições não discriminatórias*, que têm por objeto a defesa da condição feminina.

Em princípio, toda empresa é obrigada a promover medidas especiais para o conforto das empregadas (art. 389, I).

É proibida a contratação de mulheres para serviços que demandem força muscular superior a 20 quilos, para o trabalho contínuo, e 25 quilos, para o ocasional. Exclui-se da proibição a remoção de material feita com o emprego de aparelhos mecânicos, como o carrinho de mão (art. 390 e parágrafo único).

Igualmente, em pleno vigor estão todas as normas de proteção à maternidade.

Casamento e gravidez não constituem justificativa para a rescisão do contrato (art. 391), nem podem ser causa de restrição em regulamento ou contrato de trabalho. São vedadas a dispensa e a recusa de emprego ou promoção por motivo de sexo, idade, cor, situação familiar ou estado de gravidez, salvo quando a natureza da atividade seja notória e publicamente incompatível com tais discriminações (art. 373-A, II, acrescentado à CLT pela L 9.799, de 26.5.99).

19. O art. 376 da CLT, que limitava as horas extras da mulher, foi revogado pela L 10.244, de 27.6.2001.

A exigência de teste, exame, perícia, laudo, atestado, declaração ou qualquer outro procedimento relativo a esterilização ou a estado de gravidez constitui crime,[20] apenado com detenção de um a dois anos e multa, além de sujeitar a empresa a sanções de cunho administrativo.

Se houver despedida por motivo de gravidez é facultado à empregada exigir alternativamente a readmissão,[21] com ressarcimento integral de todo o período de afastamento, mediante pagamento das remunerações devidas, ou a percepção em dobro da remuneração do período de afastamento (art. 4º da L 9.029/95).

Os estabelecimentos com 30 ou mais empregadas devem manter local apropriado para a guarda e amamentação dos filhos. O empregador pode manter convênio com creche externa (art. 389, §§ 1º e 2º) ou substituir a obrigação pelo sistema de reembolso-creche.[22] É assegurado o direito a dois descansos especiais, de meia hora cada um, durante a jornada de trabalho, para a empregada amamentar o próprio filho (art. 396), até os seis meses de idade.

Se o trabalho for prejudicial para a gestação a empregada tem a faculdade de rescindir o contrato (art. 394). É garantida à gestante a dispensa do horário de trabalho pelo tempo necessário para a realização de, no mínimo, seis consultas médicas e demais exames complementares. A grávida conta com estabilidade provisória no emprego, desde a confirmação da gravidez[23] até cinco meses após o parto, não podendo ser despedida, exceto por justa causa ou força maior (art. 10, II, "b", ADCT).

20. L 9.029/95: "Art. 2º. Constituem crime as seguintes práticas discriminatórias: I – a exigência de teste, exame, perícia, laudo, atestado, declaração ou qualquer outro procedimento relativo a esterilização ou a estado de gravidez; II – a adoção de quaisquer medidas, de iniciativa do empregador, que configurem: a) indução ou instigamento à esterilização genética; b) promoção do controle de natalidade, assim não considerado o oferecimento de serviços e de aconselhamento ou planejamento familiar, realizados através de instituições públicas ou privadas, submetidas às normas do Sistema Único de Saúde-SUS. Pena: detenção de 1 (um) a 2 (dois) anos e multa".

21. A Súmula 244 do TST conflita com o texto da lei: "I – O desconhecimento do estado gravídico pelo empregador não afasta o direito ao pagamento da indenização decorrente da estabilidade (art. 10, II, "b", do ADCT). II – A garantia de emprego à gestante só autoriza a reintegração se esta se der durante o período de estabilidade. Do contrário, a garantia restringe-se aos salários e demais direitos correspondentes ao período de estabilidade. III – A empregada gestante tem direito à estabilidade provisória prevista no art. 10, inciso II, alínea 'd', do ADCT, mesmo na hipótese de admissão mediante contrato por tempo determinado."

22. Cobre integralmente as despesas com creche de livre escolha da empregada-mãe, nos prazos, condições e valores estabelecidos em acordo ou convenção – art. 1º, I, da Port. MT-3.296, de 3.9.86. Esta portaria estende o direito ao *reembolso-creche* a toda empregada-mãe, independentemente do número de mulheres do estabelecimento.

23. Presume-se o conhecimento do empregador. O direito independe da prova de que o empregador tivesse ciência da gravidez. Basta o resultado dos exames.

O juiz assegurará à mulher em situação de violência doméstica a manutenção do vínculo trabalhista, quando necessário o afastamento do local de trabalho, por até 6 meses (L 11.340/2006, art. 9º, § 2º, II).

É proibida qualquer prática de revista íntima de funcionárias ou clientes do sexo feminino (art. 1º, L 13.271/2016).

Sobre licença e salário-maternidade, ver Cap. VI, item 1.23.

2.2.18 Cipeiro

O empregado eleito, como representante dos empregados, para a *Comissão Interna de Prevenção de Acidentes-CIPA* tem estabilidade provisória e não pode sofrer despedida arbitrária. É arbitrária a despedida que não se funda em motivo disciplinar, técnico, econômico ou financeiro (art. 165).

Ocorrendo a despedida arbitrária, o empregador passa a ter o ônus de provar a existência da justa causa, sob pena de ser condenado a reintegrar o cipeiro despedido.

A estabilidade do cipeiro vigora desde o registro de sua candidatura até um ano após o final de seu mandato (art. 10, II, "a", do ADCT). O suplente da CIPA goza da mesma garantia de emprego (Súmula 339 do TST;[24] Súmula 676 do STF).

2.2.19 Preso

O *trabalho do preso* não está sujeito ao regime da Consolidação das Leis do Trabalho,[25] embora se apliquem as precauções relativas à segurança e à higiene do trabalho e o preso tenha direito aos benefícios previdenciários.[26]

24. "A estabilidade provisória do cipeiro não constitui vantagem pessoal, mas garantia para as atividades dos membros da CIPA, que somente tem razão de ser quando em atividade a empresa. Extinto o estabelecimento, não se verifica a despedida arbitrária, sendo impossível a reintegração e indevida a indenização do período estabilitário" (Súmula 339 TST, item II).

25. Art. 28, § 2º, da L 7.210/84 – Lei das Execuções Penais-LEP.

26. Art. 41, III, da LEP.

"I – prática de falta grave, dentre as enumeradas no art. 482 da CLT; II – acumulação ilegal de cargos, empregos ou funções públicas; III – necessidade de redução de quadro de pessoal, por excesso de despesa, nos termos da lei complementar a que se refere o art. 169 da CF; IV – insuficiência de desempenho, apurada em procedimento no qual se assegurem pelo menos um recurso hierárquico dotado de efeito suspensivo, que será apreciado em trinta dias, e o prévio conhecimento dos padrões mínimos exigidos para continuidade da relação de emprego, obrigatoriamente estabelecidos de acordo com as peculiaridades das atividades exercidas."

O preso não tem direito a férias, 13º salário, aviso prévio, depósitos no FGTS etc. A remuneração é calculada mediante prévia tabela, não podendo ser inferior a 3/4 do salário mínimo. As tarefas executadas como prestação de serviços à comunidade não serão remuneradas.

Para o preso provisório e para aquele que cumpre pena em regime fechado somente é permitido o trabalho interno, no estabelecimento prisional.

Por exceção, o preso em regime fechado poderá trabalhar externamente em serviços e obras públicas, até o limite de 10% do total dos trabalhadores na obra.

O trabalho externo pode ser autorizado para os presos em regime semi-aberto e aberto.

A jornada mínima é de seis horas e a máxima de oito horas, com descanso nos domingos e feriados.

2.2.20 Estagiário

Estagiário não é empregado.

O estágio não cria vínculo empregatício de qualquer natureza, salvo se desatendido requisito previsto na L 11.788/2008, que regulamentou o estágio (cf. art. 3º, *caput* e § 2º; art. 15).

2.2.21 Regime de tempo parcial

Os arts. 58-A e 130-A da CLT estabelecem um estatuto próprio para empregados com jornada de trabalho não excedente de 25 horas semanais, com salário proporcional à jornada.

2.2.22 Servidor público e empregado público

Denominam-se *servidores públicos* ou *funcionários públicos* os ocupantes de cargos na Administração Pública, direta ou indireta, em regime estatutário, federal, estadual ou municipal.

Empregados públicos são os que trabalham para órgãos públicos, em caráter não eventual, sujeitos ao regime da CLT e legislação trabalhista correlata, naquilo que a lei não dispuser em contrário.

Os empregados públicos federais, na prática, gozam de estabilidade relativa, situando-se num meio termo entre os servidores públicos e os empregados da iniciativa privada.

A sua contratação depende de concurso público de provas ou de provas e títulos, conforme o caso. Só podem ser despedidos em quatro hipóteses, descritas no art. 3º da L 9.962, de 22.2.2000:

Órgãos com autonomia de gestão, de que trata o § 8º do art. 37 da CF, como as fundações, não estão sujeitos às quatro limitações acima.

As causas envolvendo servidores públicos, em virtude do vínculo estatutário, competem à Justiça comum, federal ou estadual.

Cargos em comissão não podem ser providos pelo regime de emprego público.

Capítulo VI

ALTERAÇÕES NO CONTRATO DE TRABALHO E "IUS VARIANDI"

1. Noção. 2. Alterações de função. 3. Alterações de horário. 4. Transferência de local.

1. Noção

Em princípio, as cláusulas do contrato de trabalho são imutáveis. Assim o salário é irredutível[1] e só pode ser reduzido mediante acordo ou convenção coletiva (art. 7º, VI, da CF).

Mas o art. 468 admite alterações por mútuo consentimento e desde que não resultem direta ou indiretamente em prejuízo para o empregado, sob pena de nulidade.

Também são admitidas algumas mudanças em decorrência do *ius variandi.*

Ius variandi é a faculdade derivada do poder de direção pela qual o empregador pode determinar alterações no contrato de trabalho, em circunstâncias especiais.

São variações de horário, local e função que não atingem substancialmente o pacto laboral.

2. Alterações de função

As *alterações de função* admitidas são as seguintes:

1) recondução para o cargo anterior, cessada a designação para o cargo de confiança (art. 468, parágrafo único);

1. Entretanto, poderá ocorrer mudança na forma de cálculo do salário. Por exemplo, a compra de guilhotina nova, que aumenta a produção com o mesmo esforço, pode implicar redução do pagamento de peça produzida, desde que garantida a remuneração mínima anterior.

2) recondução ao cargo anterior do empregado que ocupava em comissão, interinamente ou em substituição eventual ou temporária, cargo diverso (art. 450);

3) readaptação em nova função, em razão de deficiência física ou mental atestada pela Previdência Social (art. 461, § 4º).

Embora se admita transferência para função do mesmo nível (havendo necessidade de serviço e inexistindo prejuízo), não será possível o rebaixamento.

3. Alterações de horário

A *mudança de horário* dentro do mesmo turno, a *supressão das horas noturnas* e a *mudança do período* noturno para o diurno (Súmula 265 do TST) são consideradas lícitas.

4. Transferência de local

Para a lei somente será considerada *transferência de local de trabalho* aquela que implique mudança necessária de domicilio do empregado.

A mudança para outro local no mesmo Município apenas obriga o empregador a pagar eventual acréscimo nas despesas de transporte.[2]

O mesmo ocorrerá na transferência para Município próximo, no caso de o empregado não mudar sua residência.

É *proibida a transferência* sem a anuência do empregado, com as seguintes *exceções*:

1) empregado em cargo de confiança, como gerentes e diretores;

2) existência, no contrato de trabalho, de cláusula que prevê a transferência, implícita ou explicitamente. É explícita aquela declarada expressamente, seja de modo escrito ou verbal. Implícita é a permissão subentendida, como no caso do empregado da feira ambulante;

3) extinção do estabelecimento;

4) necessidade de serviço, traduzida na necessidade imperiosa e insubstituível de contar exatamente com aquele profissional no outro local de trabalho.

2. "Empregado transferido por ato unilateral do empregador para local mais distante de sua residência tem direito a suplemento salarial correspondente ao acréscimo da despesa de transporte" (Súmula 29 do TST).

Nas transferências provisórias é devido adicional de 25% dos salários, enquanto perdurar a situação (art. 469, § 3º). A lei e a jurisprudência predominante impõem o adicional somente nas transferências provisórias, embora a boa doutrina, baseada na isonomia, estenda o benefício às transferências definitivas.[3]

Em qualquer caso, todas as despesas resultantes da transferência correrão por conta do empregador (art. 470).

As transferências para o exterior são reguladas pela L 7.064/82, que determina a aplicação da legislação mais benéfica ao empregado, seja a nacional ou a do local de transferência.

A contratação de trabalhador, por empresa estrangeira, para trabalhar no exterior é condicionada à autorização do Ministério do Trabalho. Essa autorização somente poderá ser dada a empresa de cujo capital participe em pelo menos 5% pessoa jurídica domiciliada no Brasil. O prazo máximo permitido é de três anos, exceto se a empresa estrangeira garantir ao empregado e seus dependentes o direito de férias anuais no Brasil, com as despesas de viagem pagas.

3. Assim, Valentin Carrion, *Comentários*, art. 469.

Capítulo VII

SALÁRIO E REMUNERAÇÃO

1. Conceito, tipos e peculiaridades: 1.1 Conceito – 1.2 Sistemas de pagamento: 1.2.1 Pagamento por tempo – 1.2.2 Pagamento por produção – 1.2.3 Pagamento por tarefa – 1.2.4 Salário complessivo – 1.3 Maneiras de pagamento do salário – 1.4 Dia do pagamento – 1.5 Prova do pagamento – 1.6 Normas de proteção do salário: 1.6.1 Irredutibilidade – 1.6.2 Inalterabilidade – 1.6.3 Intangibilidade e descontos – 1.6.4 Isonomia salarial – 1.6.5 Impenhorabilidade – 1.7 Fixação do valor do salário – 1.8 Abono – 1.9 Horas extras e jornada de trabalho: 1.9.1 Jornada de trabalho em regime de tempo parcial e horas extras – 1.9.2 Horas extras de percurso – Horas "in itinere" – 1.9.3 Tempo de sobreaviso – Uso de "bip" – 1.9.4 Compensação das horas extras – 1.10 Adicional por trabalho noturno – 1.11 Adicional-insalubridade – 1.12 Insalubridade e periculosidade – Cumulação – 1.13 Adicional-periculosidade – 1.14 Adicional por trabalho penoso – 1.15 Adicional por transferência – 1.16 Décimo terceiro salário – 1.17 Gratificações – 1.18 Gorjetas – 1.19 Indenização adicional – 1.20 Multa por atraso de pagamento das verbas rescisórias – 1.21 Comissões – 1.22 Salário-família – 1.23 Salário-educação – 1.24 Salário-maternidade – 1.25 Faltas ao trabalho – 1.26 Repouso semanal remunerado (r.s.r.) e feriados. 2. Calcule fácil: salário: 2.1 Horas extras – 2.2 Horas extras noturnas – 2.3 Horas extras – Repercussão no repouso semanal remunerado (r.s.r.) e nos feriados – 2.4 Horas extras – Repercussão no 13º salário – 2.5 Horas extras – Repercussão nas férias – 2.6 Repouso semanal remunerado (r.s.r.) e faltas – 2.7 Adicionais: 2.7.1 Adicional-insalubridade – 2.7.2 Adicional-periculosidade – 2.7.3 Adicional noturno – 2.8 Décimo terceiro salário. 3. Participação nos lucros ou resultados.

1. Conceito, tipos e peculiaridades

1.1 Conceito

Salário[1] é o pagamento realizado diretamente pelo empregador para o empregado, como retribuição pelo seu trabalho. Não compreende as *gorjetas*, que não são pagas diretamente pelo empregador.

1. O pagamento realizado aos legionários romanos era denominado *salarium*. O termo latino *salarium*, *i* tem exatamente o significado de "valor pago aos soldados para comprar sal".

Para a lei, o termo *remuneração* compreende o *salário mais as gorjetas* (art. 457, *caput*, da CLT).[2]

Salário = pagamento direto do empregador
Remuneração = salário + gorjetas

Não compõem o salário os pagamentos de natureza indenizatória, como a ajuda de custo,[3] para cobrir despesas do trabalho, os pagamentos de natureza previdenciária, os pagamentos realizados por direitos intelectuais (direito do autor), a participação nos lucros[4] e as gratificações pagas por liberalidade, sem habitualidade.[5] O fornecimento de habitação, energia elétrica, veículo, quando indispensável para a realização do trabalho, e cigarros, não integra o salário (Súmula 367, TST).

Mas integrará o salário a gratificação ajustada anteriormente ou estipulada como prêmio por produção ou por conduta.[6]

NÃO INTEGRAM O SALÁRIO {
- Indenizações
- Pagamentos de natureza previdenciária
- Direitos intelectuais
- Participação nos lucros
- Gratificações não habituais[5]
- Habitação, energia, veículo, cigarros

1.2 Sistemas de pagamento

O salário pode ser pago por *unidade de tempo*, por *produção* ou por *tarefa*.

2. Mas o tema não é pacífico. Para parte da doutrina *salário é* sinônimo de *remuneração*. Na linguagem popular salário é o pagamento estabelecido no contrato de trabalho e remuneração abrange o salário mais todos os adicionais.

3. Determina o art. 457, § 2º, da CLT que apenas não integram o salário as ajudas de custo e diárias para viagem que não excedam a 50% do salário. Mas há entendimento no sentido de que a regra não prevalece se for provada a natureza indenizatória, mesmo superando o limite de 50%. Neste sentido: TST, 2ª C., RR 7.833/86, José Ajuricaba, ac. 2.793/87.

4. Conforme o art. 7º, XI, da CF, que cancelou o antigo Enunciado 251 do TST, que considerava de natureza salarial a *participação nos lucros* habitualmente paga.

5. ***Marmitex habitual. Servidor público.*** Concessão por liberalidade por mais de 10 anos, que não integra remuneração, que deve ser fixada por lei específica – art. 37, X, CF (TST, 1ª T., RR-320-08.2011.5.15.0136, rel. Min. Hugo Carlos Scheuermann, 27.11. 2013).

6. E outras verbas arroladas no art. 458, § 2º, da CLT.

1.2.1 Pagamento por tempo

O *pagamento por tempo* considera as horas e minutos em que o empregado está à disposição do empregador, sem levar em conta o resultado do trabalho. Nesse sistema, se o empregado produzir mais do que o normal, não receberá qualquer vantagem ou ganho extra.

Mensalista é aquele que recebe o salário uma vez por mês. *Quinzenalista é* o trabalhador que recebe por quinzena. *Semanalista* é o que recebe por semana e *diarista* é o que recebe por dia.

Ao contrário do que indica o nome, o *horista* recebe como os outros, por mês, quinzena, semana ou dia. Apenas o seu salário é calculado pelas horas trabalhadas.

O pagamento do salário deve ser feito até o 5º dia útil do mês subsequente. Depois disso, é devida correção monetária (Súmula 381 do TST).

1.2.2 Pagamento por produção

No *pagamento por produção* calcula-se apenas o resultado obtido no período trabalhado, sem considerar o tempo gasto. É o caso do pagamento por *comissão* ou por *unidade produzida.* O objetivo é estimular a produção do empregado.

É possível que o salário seja fixado exclusivamente por produção, desde que ao final do mês esteja assegurado o pagamento do salário mínimo, exigido pela Constituição.

1.2.3 Pagamento por tarefa

No *pagamento por tarefa* mesclam-se os dois sistemas anteriores. Calcula-se pela produção, mas há alguma vantagem na economia de tempo. É o caso do empregado que é dispensado antes do horário estabelecido se houver cumprido a tarefa determinada. Pode ocorrer também que a retribuição por unidade produzida sofra um acréscimo, se ultrapassada determinada quantidade por dia.[7]

7. No sistema *Halsey e Rowan* toma-se o tempo normalmente gasto em uma operação, e se o empregado conseguir completá-la em tempo menor receberá parte do valor economizado. Já no sistema de *Gantt*, terminada a tarefa em menor número de horas, o empregado receberá o valor normal, embora seja dispensado antes.

Sistema de pagamento do salário
Sistema fixo = unidade de tempo
Sistema variável = produção ou tarefa
Sistema combinado = tempo + produção ou tarefa

1.2.4 Salário complessivo

Existem casos em que o empregador estipula desde logo um valor extra, fixo ou proporcional, englobando algumas verbas acessórias como as horas extraordinárias, as horas noturnas etc., sem especificação de valores e sem que seja possível identificar exatamente cada uma delas. Para uma corrente jurisprudencial este salário *completivo* ou *complessivo é*, em princípio, nulo. Mas para outra corrente a nulidade dependerá da demonstração do prejuízo ao empregado.

1.3 Maneiras de pagamento do salário

De regra, o pagamento do salário é realizado em *moeda corrente* do país (art. 463, *caput*, da CLT). Em *moeda estrangeira é* considerado como não realizado (parágrafo único do mesmo artigo).

Na zona urbana poderá ocorrer pagamento em *cheque* ou por meio de *depósito do valor em conta corrente bancária.* Deverá ser assegurado ao empregado horário para desconto imediato do cheque ou para o saque (Port. MT-3.281/84, art. 2º).

É admitido o pagamento do salário em *utilidades*, até o máximo de 70% do valor total. Os restantes 30% do salário deverão ser necessariamente entregues em dinheiro (art. 458, § 1º, c/c art. 82, parágrafo único, da CLT).[8-9] É a hipótese onde o empregador fornece alimentação, habitação, vestuário e outras prestações *in natura* (art. 458).

8. O desconto máximo no salário para o fornecimento de habitação e alimentação é de 25% e 20% do salário contratual, respectivamente (art. 458, § 3º, da CLT). A refeição preparada pelo próprio empregador e fornecida no estabelecimento justifica um desconto máximo de 25% do salário mínimo, incluídas todas as refeições da jornada (arts. 1º e 2º da L 3.030/56). Súmula 258 do TST: "Salário-utilidade. Percentuais. Os percentuais fixados em lei relativos ao salário *in natura* apenas se refere às hipóteses em que o empregado percebe salário mínimo, apurando-se, nas demais, o real valor da utilidade" (redação da Resol. 121/2003, *DJU* 19.11.2003).

9. Em caso algum será admitido pagamento em bebidas alcoólicas ou drogas nocivas (art. 458, § 1º, da CLT).

Mas não serão consideradas salário as utilidades fornecidas para o empregado como instrumento para a realização do trabalho (art. 458, § 2º). Assim, mesmo o fornecimento de moradia não será salário se constituir meio para a prestação do serviço.[10-11]

Doméstico – descontos. No caso de empregado doméstico, não cabe desconto no salário por fornecimento de alimentação, vestuário, higiene, bem como por despesas com transporte e hospedagem, em caso de acompanhamento em viagem.

É possível o desconto de adiantamento salarial e, se houver acordo expresso, das despesas com moradia, desde que seja em local diverso da residência em que ocorrer a prestação de serviço. Também dependem de acordo os descontos referentes à inclusão do empregado em planos de assistência médico-hospitalar e odontológica, de seguro e de previdência privada, não podendo, porém, a dedução ultrapassar 20% do salário (art. 18 e §§ da LC 150/2015).

1.4 Dia do pagamento

O *período máximo* para pagamento do salário é de um mês. O pagamento deve se realizar até o quinto dia útil do mês subsequente (art. 459 da CLT). Mas as comissões, percentagens e gratificações podem ser pagas em período maior, como no caso de uma gratificação semestral, por exemplo.

A demora no pagamento (*mora salarial*) pode dar causa à rescisão indireta do contrato de trabalho, pelo empregado, e configurar a infração penal projetada pelo art. 7º, X, última parte, da CF, cujo tipo penal ainda não foi criado por lei.

1.5 Prova do pagamento

A *prova do pagamento* do salário deve ser *documental* (recibo, comprovante de depósito etc.), não se aceitando em juízo somente a prova testemunhal. O recibo que contém a chamada *quitação geral*, onde o empregado admite ter recebido genericamente "todas as verbas, nada mais tendo

10. Na propriedade rural é admitido o desconto de 20% pela ocupação da casa (L 5.889/73, art. 9º, "a").

11. Não constituem salário a parcela paga *in natura* pela empresa nos *Programas de Alimentação do Trabalhador-PAT* aprovados pelo Ministério do Trabalho (art. 3º da L 6.321/76) e o *vale-transporte* (L 7.418/85, art. 2º, "a"), mas o *transporte gratuito* fornecido pelo empregador para o trabalho tem natureza salarial.

a reclamar", não impede a reclamação trabalhista, já que é irrenunciável o direito a salários. Portanto, deve o recibo discriminar muito bem cada uma das verbas recebidas.

É lícito ao *menor de* 18 *anos* firmar sozinho o recibo do salário (art. 439), mas no caso de *rescisão do contrato* deve contar com a assistência dos responsáveis para dar quitação.

1.6 Normas de proteção do salário

1.6.1 Irredutibilidade

Por regra constitucional, o salário é *irredutível.* Entrementes, poderá sofrer redução em razão de convenção ou acordo coletivo (art. 7º, VI e XIII, da CF). Foi superada neste mister a antiga regra do art. 503 da CLT, que previa a redução de até 25% no caso de força maior.

1.6.2 Inalterabilidade

O salário é *inalterável* tanto na forma como no modo de pagamento. Prevê a CLT (art. 468) a possibilidade de modificação das condições do trabalho apenas por mútuo consentimento, entre o empregado e o empregador, e desde que não haja prejuízo para o empregado.

Também poderá ocorrer alteração no exercício normal do *ius variandi.*[12] É o caso da mudança na linha de produção, que obriga à mudança da unidade pela qual o trabalho é remunerado (de peça produzida para metro produzido, por exemplo).

1.6.3 Intangibilidade e descontos

Do salário somente poderão ser realizados os *descontos* expressamente previstos em lei (art. 462 da CLT) ou convenção coletiva.

A legislação permite os seguintes descontos:[13]

12. *Ius variandi*: em casos excepcionais reconhece-se ao empregador o direito de alterar unilateralmente as condições de trabalho, em decorrência de seu poder diretivo.

13. Questão interessante é saber se o empregador pode descontar do salário a quantia paga por equívoco no mês anterior. Sobre o assunto não foram encontrados súmula doutrinária ou precedente jurisprudencial. Não há dúvida de que havendo a *livre concordância do empregado*, por escrito, o desconto será possível. Mas sem essa concordância o desconto é proibido. Os casos de desconto são somente aqueles apontados na lei, nenhum outro (art. 462, *caput*, da CLT). Também, a resistência do empregado torna o crédito ilíquido, duvidoso, proibindo a compensação (art. 1.010 do CC). Resta ao empregador lançar mão da via judicial (Justiça Comum), baseando-se na proibição do enriquecimento sem causa. É de se notar que a

1) *adiantamentos* (art. 462, *caput*, CLT);
2) *falta injustificada e respectivo descanso semanal remunerado* correspondente àquela semana;
3) *reparação por dano doloso* (art. 462, *caput*, CLT);
4) *reparação por dano culposo*, desde que haja permissão do empregado (art. 462, *caput*, CLT);
5) *contribuições previdenciárias e sindicais* (art. 578 da CLT);
6) *imposto de renda descontado na fonte*;
7) *prestação de alimentos* (art. 912, *caput*, do CPC);
8) *pagamento de multa criminal* (art. 50, § 1º, do CP);
9) *prestações correspondentes ao pagamento de dívidas contraídas para a aquisição de unidade habitacional no Sistema Financeiro da Habitação* (art. 1º da L 5.725/71);
10) *compensação por falta de aviso prévio do empregado* (art. 487, § 2º);
11) *estorno da comissão já paga*, verificada a insolvência do comprador (art. 7º da L 3.207/57);
12) *valor constante de requisição da Seguridade Social referente a importância proveniente de dívida ou responsabilidade junto a ela contraída relativa a benefícios pagos indevidamente* (art. 91 da L 8.212/91);
13) adiantamento *da primeira parcela do 13º salário no caso de extinção do contrato de trabalho*, por justa causa, antes de 20 de dezembro (art. 3º da L 4.749/65).
14) empréstimos consignados, financiamentos, operações de arrendamento mercantil, despesas e saques por cartão de crédito, mediante autorização irrevogável e apenas até 35% da remuneração disponível (arts. 1º e 2º, L 10.8230/2003).

Os tribunais admitem outros descontos, como o da prestação do seguro, do plano de assistência médica, da previdência privada etc., desde que haja *autorização prévia e por escrito* do empregado e desde que não fique demonstrada a existência de *coação* ou outro defeito que vicie o ato jurídico (Súmula 342 do TST).

compensação ou a retenção poderão ser reclamadas, na Justiça do Trabalho, apenas em matéria de defesa (art. 767 da CLT).

Com propriedade, ensina Valetin Carrion que é desproporcional o desconto de adiantamento que ultrapasse o valor mensal da remuneração. A parte que exceder o valor da remuneração mensal deve ser considerada como dívida civil, que não pode ser objeto de autoexecução pelo empregador.

Bem por isto, o art. 477, § 5º, da Consolidação das Leis do Trabalho limita qualquer compensação, na rescisão do contrato de trabalho, ao valor de um mês de remuneração do empregado.

Mas já se decidiu que o total dos descontos efetuados no salário do empregado não pode ultrapassar 70% do salário-base.[14]

1.6.4 Isonomia salarial

Empregados que cumprem a mesma função, na mesma localidade e com o mesmo empregador, devem receber salários iguais (art. 7º, XXX, da CF e art. 461 da CLT). São requisitos para a *equiparação salarial*: 1) mesma função; 2) mesmo empregador; 3) mesma localidade; 4) diferença de tempo da função não superior a dois anos; 5) mesma produtividade; 6) mesma perfeição técnica.

O empregado que tem o salário maior na mesma função é denominado *paradigma* na ação de equiparação salarial. Não prevalecem as regras da equiparação quando o empregador tiver pessoal organizado em quadro de carreira, com promoções por antiguidade e merecimento (§ 2º do art. 461).

1.6.5 Impenhorabilidade

Salvo para pagamento da prestação alimentícia, o salário é absolutamente *impenhorável* (art. 833, IV, do CPC).

1.7 Fixação do valor do salário

O salário é fixado de forma livre pelas partes (autonomia da vontade[15] – art. 444 CLT). Mas devem ser respeitadas as normas de proteção do trabalho, os contratos coletivos e as decisões judiciais.

14. TST, RO-DC 373.218/97.3, SDC 1.360/97; TST, RO-DC 384.181/97.8, SDC 1.483/97; e TST, RO-DC 378.865/97.0, SDC 1.375/97.

15. Na interpretação das cláusulas do contrato de trabalho impera o princípio *interpretatio contra stipulationem*, pelo qual a interpretação deve ser feita contra o autor da cláusula, já que, em regra, o proponente é o empregador.

Não havendo no contrato de trabalho estipulação específica sobre o valor do salário, ou havendo dúvida, o empregado terá direito a receber salário igual ao daquele que, na mesma empresa, fizer serviço equivalente ou ao que for pago habitualmente para serviço semelhante (art. 460 CLT).

Será nula a estipulação de remuneração inferior ao salário mínimo[16] (art. 7º, IV, CF e art. 117 CLT). *Salário mínimo profissional* é aquele estipulado em lei para determinada profissão, como ocorre com o jornalista. *Piso salarial* é o patamar mínimo para a remuneração de uma categoria profissional, como os metalúrgicos, por exemplo.

1.8 Abono

É a antecipação salarial paga pelo empregador. Também integra o salário (art. 457, § 1º, da CLT). Os abonos podem ser compensados nos reajustes futuros.

1.9 Horas extras e jornada de trabalho

Jornada de trabalho é o período no qual o empregado fica à disposição do empregador. Esse período é normalmente ajustado entre os contratantes. A jornada pode ser reduzida para algumas categorias, mas a jornada máxima estipulada pela Constituição Federal é de 8 horas diárias[17] e 44 horas semanais (art. 7º, XIII, da CF). Aquilo que excede à jornada normal[18] é considerado *hora extraordinária*, que deve ser remunerada com acréscimo de, no mínimo, 50% (art. 7º, XVI, da CF).[19]

Se não houver acordo escrito, norma coletiva ou necessidade imperiosa (art. 61 da CLT),[20] o empregado não está obrigado a prestar o serviço extraordinário.

16. As *gorjetas* não podem ser computadas para o pagamento do salário mínimo, já que não integram o salário.

17. ***Súmula 444 do TST.*** "*Jornada de trabalho. Escala de 12 por 36. Validade.* É valida, em caráter excepcional, a jornada de 12 horas de trabalho por 36 de descanso, prevista em lei ou ajustada exclusivamente mediante acordo coletivo de trabalho ou convenção coletiva de trabalho, assegurada a remuneração em dobro dos feriados trabalhados. O empregado não tem direito ao pagamento de adicional referente ao labor prestado na décima primeira e décima segunda hora.

18. ***Minutos que antecedem ou sucedem a jornada de trabalho.*** L 10.243, de 19.6.2001. Norma coletiva. Flexibilização. Impossibilidade. "A partir da vigência da Lei n. 10.243, de 19.6.2001, que acrescentou o § 1º ao art. 58 da CLT, não mais prevalece cláusula prevista em convenção ou acordo coletivo que elastece o limite de 5 minutos que antecedem e sucedem a jornada de trabalho para fins de apuração das horas extras" (Súmula 449 do TST).

19. *Horas extras no período noturno*: as horas extraordinárias prestadas entre 22 e 5h devem ter *adicional noturno* sobre o valor da hora majorada como extra.

20. "Art. 61. Ocorrendo necessidade imperiosa, poderá a duração do trabalho exceder do limite legal ou convencionado, seja para fazer face a motivo de força maior, seja para atender

O empregador poderá retirar as horas extras, com aviso prévio. Se as horas extras eram habituais, o empregado terá direito a uma indenização.[21]

É devido o pagamento de horas extras para o *trabalhador externo remunerado por comissões*, desde que haja subordinação a horário ou fique comprovado que a produção exigida não poderia ser realizada somente na jornada normal de trabalho.

O valor das horas extras habituais integra o aviso prévio indenizado.

1.9.1 Jornada de trabalho em regime de tempo parcial e horas extras

Considera-se trabalho em *regime de tempo parcial* aquele cuja duração não exceda 25 horas semanais. O salário é proporcional à jornada em relação aos empregados que cumprem as mesmas funções em tempo integral (art. 58-A, acrescentado pela MP 2.164-41, de 24.8.2001).

É obrigatório o pagamento do *salário mínimo-hora* (salário mínimo: 176 horas × número de horas trabalhadas na jornada reduzida).

É possível a adoção do regime de tempo parcial para os empregados contratados para a jornada normal, mediante pedido do empregado, na forma prevista em negociação coletiva.

O *período de férias* também é proporcional à jornada de trabalho parcial (art. 130-A).

Os empregados sob regime de tempo parcial não poderão prestar *horas extras* (art. 59, § 4º).

1.9.2 Horas extras de percurso – Horas *in itinere*

"O tempo despendido pelo empregado até o local de trabalho e para o seu retorno, por qualquer meio de transporte, não será computado na jornada de trabalho, salvo quando, tratando-se de local de difícil acesso

à realização ou conclusão de serviços inadiáveis ou cuja inexecução possa acarretar prejuízo manifesto. § 1º. O excesso, nos casos deste artigo, poderá ser exigido independentemente de acordo ou convenção coletiva e deverá ser comunicado, dentro de 10 (dez) dias, à autoridade competente em matéria de trabalho, ou, antes desse prazo, justificado no momento da fiscalização sem prejuízo dessa comunicação."

21. "A supressão, pelo empregador, do serviço suplementar prestado com habitualidade, durante pelo menos um ano, assegura ao empregado o direito à indenização correspondente ao valor de um mês das horas suprimidas para cada ano ou fração igual ou superior a seis meses de prestação de serviço acima da jornada normal. O cálculo observará a média das horas suplementares nos últimos 12 meses anteriores à mudança, multiplicada pelo valor da hora extra do dia da supressão" (Súmula 291 do TST).

ou não servido por transporte público, o empregador fornecer a condução" (art. 58, § 2º, da CLT) (v. tb. Súmula 90 do TST).[22]

Portanto, a jornada de trabalho inclui não só a hora efetivamente trabalhada como também a empregada no percurso em trecho não alcançado por transporte público.

Considera-se à disposição do empregador, na forma do art. 4º da CLT, o tempo necessário ao deslocamento do trabalhador entre a portaria da empresa e o local de trabalho, desde que supere o limite de 10 minutos diários (Súmula 429 do TST).

1.9.3 Tempo de sobreaviso – Uso de *bip*

A lei considera como hora de serviço aquela em que o empregado está à disposição do empregador, aguardando ordens (art. 4º da CLT).

Existem casos em que o empregado fica em sua residência, à disposição do trabalho, como pode ocorrer com o engenheiro de manutenção, o relações públicas, o zelador etc. O empregado pode também utilizar um aparelho *bip* ou semelhante, esperando chamadas.

A *remuneração* dessas horas é matéria controversa.

A situação é curiosa, pois enquanto ao empregado é permitida a permanência em seu domicilio, em convívio com seus familiares e situações de lazer e até repouso, é inegável que ele está sujeito a incômodo permanente e certa limitação nas suas atividades normais.

Bem por isto, a jurisprudência apresenta posições antagônicas, com decisões que vão desde a remuneração integral das horas de sobreaviso até a desconsideração total do período em que não houve chamada efetiva.

A corrente moderada prega a adoção de uma estimativa, que pode utilizar como base a situação dos ferroviários e aeronautas de sobreaviso (art. 244, § 2º, CLT e art. 23 da L 7.183/84), com remuneração de 1/3 das horas.

22. "I – O tempo despendido pelo empregado, em condução fornecida pelo empregador, até o local de trabalho de difícil acesso, ou não servido por transporte público regular, e para o seu retorno é computável na jornada de trabalho. II – A incompatibilidade entre os horários de início e término da jornada do empregado e os do transporte público regular é circunstância que também gera o direito às horas *in itinere*. III – A mera insuficiência de transporte público não enseja o pagamento de horas *in itinere*. IV – Se houver transporte público regular em parte do trajeto percorrido em condução da empresa, as horas *in itinere* remuneradas limitam-se ao trecho não alcançado pelo transporte público. V – Considerando que as horas *in itinere* são computáveis na jornada de trabalho, o tempo que extrapola a jornada legal é considerado como extraordinário e sobre ele deve incidir o adicional respectivo" (Súmula 90 do TST).

É exatamente neste sentido a Súmula 229 do TST, que trata da remuneração das horas de sobreaviso dos eletricitários.

É pacífico que não basta o mero uso do *bip* para caracterizar necessariamente o sobreaviso.[23]

1.9.4 Compensação das horas extras

A L 9.601/98 criou o *Banco de Horas*, possibilitando a dispensa do pagamento do acréscimo de hora extra se, por força de acordo ou convenção coletiva, for prevista compensação, como redução de horário em outro dia, obedecidos certos limites (art. 59, §§ 2º e 3º, da CLT).

Na *rescisão do contrato* será apurado o eventual saldo de horas extras não compensadas, que serão pagas sobre o valor da remuneração da data da rescisão.

1.10 Adicional por trabalho noturno

Considera-se *noturno* o trabalho executado entre 22h de um dia até as 5h do dia seguinte. Neste período a *remuneração* terá um acréscimo de 20%, calculado sobre a hora diurna.

Por ficção legal, a hora noturna é menor do que a diurna, sendo computada a cada 52 minutos e 30 segundos.[24]

A CLT (art. 73, *caput*) exclui o pagamento do acréscimo noturno se houver regime de *revezamento*.

O *adicional noturno habitual* integra o salário para todos os fins (Súmula 60 do TST).

Conforme orientação jurisprudencial do TST (SDI, 97), o adicional noturno integra a base de cálculo das horas extras noturnas. O cálculo

23. Súmula 428 do TST: "*Sobreaviso. Aplicação analógica do art. 244, § 2º, da CLT.* I – O uso de instrumentos telemáticos ou informatizados fornecidos pela empresa ao empregado, por si só, não caracteriza regime de sobreaviso. II – Considera-se em sobreaviso o empregado que, à distancia e submetido a controle patronal por instrumentos telemáticos ou informatizados, permanecer em regime de plantão ou equivalente, aguardando a qualquer momento o chamado para o serviço durante o período de descanso".

24. *Para o* trabalho agrícola *a hora noturna é de 60 minutos mesmo. O acréscimo noturno é de 25% e o período vai das 21h de um dia até as 5h do dia seguinte, na lavoura, e das 20h de um dia até as 4h do dia seguinte, na atividade pecuária (art. 7º e seu parágrafo único da L 5.889/73). O trabalho noturno na* exploração, perfuração, produção e refinação e transporte de petróleo, *na* indústria petroquímica *e na* industrialização do xisto *tem sistemática especial regulada pela L 5.811/72, não se aplicando a hora reduzida (Súmula 112 do TST).*

toma em consideração a hora reduzida noturna (52m e 30s). A matéria não é pacífica: há corrente que defende o cálculo dos dois adicionais separadamente, sem cumulação.

1.11 Adicional-insalubridade

O trabalho realizado em atividade que atente contra a saúde humana, acima dos limites toleráveis,[25] é remunerado com adicional de 40%, 20% ou 10%, calculados sobre o salário base,[26] conforme a *insalubridade* seja classificada em grau máximo, médio ou mínimo.

Os *limites de tolerância* da atividade agressiva são estabelecidos por relação do Ministério do Trabalho. A classificação do *grau de insalubridade é* feita por perícia técnica.

Os *acréscimos* correspondentes à *hora extra* e à *insalubridade* são calculados separadamente e depois somados.

Cessada a causa de insalubridade, cessa a obrigatoriedade do pagamento do adicional (art. 194 da CLT). "A eliminação da insalubridade, pelo fornecimento de aparelhos protetores aprovados pelo órgão competente do Poder Executivo, exclui a percepção do adicional respectivo" (Súmula 80 do TST). Mas o simples fornecimento do equipamento, sem eliminação ou diminuição da nocividade, não afasta a obrigação do pagamento do adicional (Súmula 289 do TST).

25. ***Caracterização de insalubridade.*** "I – Não basta a constatação da insalubridade por meio de laudo pericial para que o empregado tenha direito ao respectivo adicional, sendo necessária a classificação da atividade insalubre na relação oficial elaborada pelo Ministério do Trabalho. II – A higienização de instalações sanitárias de uso público ou coletivo de grande circulação, e a respectiva coleta de lixo, por não se equiparar à limpeza em residências e escritórios, enseja o pagamento de adicional de insalubridade em grau máximo, incidindo o disposto no Anexo 14 da NR-15 da Portaria do MTE n. 3.214/78 quanto à coleta e industrialização de lixo urbano" (Súmula 448 do TST).

Exposição eventual. "Tem direito ao adicional de periculosidade o empregado exposto permanentemente ou que, de forma intermitente, sujeita-se a condições de risco. Indevido, apenas, quando o contato dá-se de forma eventual, assim considerado o fortuito, ou o que, sendo habitual, dá-se por tempo extremamente reduzido. II – Não é válida a cláusula de acordo ou convenção coletiva de trabalho fixando o adicional de periculosidade em percentual inferior ao estabelecido em lei e proporcional ao tempo de exposição ao risco, pois tal parcela constitui medida de higiene, saúde e segurança do trabalho, garantida por norma de ordem pública (arts. 7º, XXII e XXIII, da CF e 193, § 1º, da CLT)".

26. Súmula 228 do TST: "*Adicional de insalubridade. Base de cálculo.* A partir de 9 de maio de 2008, data da publicação da Súmula Vinculante n. 4 do Supremo Tribunal Federal, o adicional de insalubridade será calculado sobre o salário básico, salvo critério mais vantajoso fixado em instrumento coletivo".

O trabalho perigoso e insalubre é proibido para *menores* (art. 405, I, da CLT).

1.12 Insalubridade e periculosidade – Cumulação

O § 2º do art. 193 da CLT proíbe a cumulação dos dois adicionais, facultando ao empregado optar por um deles.

No entanto, há entendimento no sentido de que esta disposição não foi recepcionada pela CF de 1988. Além disso, a limitação teria sido derrogada com a ratificação pelo Brasil da Convenção 155 da OIT.[27] Neste tom, seria devido o pagamento de ambos os adicionais quando incidissem sobre o mesmo trabalho (TRT 4ª T., 2 0000270-19.2012.5.04.0761, RO, rel. Des. Alexandre Correa da Cruz, 8.5.2014).

1.13 Adicional-periculosidade

São perigosas as atividades que implicam "contato permanente com inflamáveis ou explosivos[28] em condições de risco acentuado" (art. 193, CLT). Também é reconhecida a periculosidade no setor de energia elétrica[29] e as atividades do trabalhador em motocicleta (art. 193, § 4º). O adicional é de 30% sobre o salário básico, assim entendido aquele ainda não acrescido dos outros adicionais (Súmula 191, TST). No caso dos eletricitários o percentual é calculado sobre a totalidade das parcelas de natureza salarial. Eliminado o risco, cessará o direito do empregado ao adicional (art. 194, CLT).

1.14 Adicional por trabalho penoso

Embora a CF tenha garantido aos trabalhadores o direito ao adicional de remuneração para as atividades perigosas, na forma da lei (art. 7º, XXIII), o fato é que até agora não houve edição de lei para tipificar e classificar o *trabalho penoso* e instituir o valor do adicional respectivo. Trata-

27. Convenção 155 da OIT, promulgada pelo D 1.254/94, "Art. 11. (...); b) a determinação das operações e processos que serão proibidos, limitados ou sujeitos à autorização ou ao controle da autoridade ou autoridades competentes, assim como a determinação das substâncias e agentes aos quais estará proibida a exposição no trabalho, ou bem limitada ou sujeita à autorização ou ao controle da autoridade ou autoridades competentes; deverão ser levados em consideração os riscos para a saúde decorrentes da *exposição simultânea* a diversas substâncias ou agentes;" (grifo nosso).

28. "***Periculosidade. Inflamável armazenado.*** Adicional devido quando o trabalho se desenvolve em local onde se armazena inflamável. Professora do Laboratório da Faculdade de Física PUC-RS. Irrelevância de o líquido inflamável armazenado seja inferior à prevista no Anexo 2 da NR-16, que se refere apenas a transporte de inflamáveis" (TST, 2ª T., RR-970-73.2010.5.04.0014, rel. Min. José Roberto Freire Pimenta, j. 2.4.2014).

29. Art. 1º da L 7.369/85, nas atividades previstas no D 93.412/86.

-se de norma constitucional de eficácia limitada, que depende de lei ordinária para que adquira executoriedade. Fica obstado o direito ao *adicional-penosidade* por omissão legislativa.

1.15 Adicional por transferência

No caso de necessidade de serviço, poderá o empregador transferir o empregado para localidade diversa da constante do contrato de trabalho (art. 469, § 3º, da CLT). Mas, neste caso, estará obrigado a pagar um adicional de 25% do salário que era recebido anteriormente, pelo prazo que durar essa situação. Prevalece o entendimento de que o adicional não é devido nas *transferências definitivas*.[30]

1.16 Décimo terceiro salário

A L 4.090/62[31] oficializou a tradicional *gratificação natalina*. Seu valor corresponde a 1/12 da remuneração devida em dezembro, multiplicado pelos meses de serviço naquele ano. Para esse cálculo, a fração igual ou superior a 15 dias de trabalho será considerada como mês integral. Frações inferiores são desprezadas. Se *extinto o contrato de trabalho antes de dezembro*, o empregado terá direito à gratificação proporcional aos meses trabalhados no ano e mais 1/12 referente ao aviso prévio trabalhado ou indenizado. A gratificação natalina é devida em todos os casos, com exceção de *dispensa por justa causa* do empregado.

A verba deve ser paga em *duas metades*: a 1ª (adiantamento) entre os meses de fevereiro e novembro; a 2ª até o dia 20 de dezembro. Desde que o empregado requeira no mês de janeiro, a 1ª parcela será paga *junto com as férias*. Paga a 1ª parcela (adiantamento) e ocorrendo dispensa, por *justa causa do empregado*, antes de 20 de dezembro, está o empregador autorizado a fazer a *compensação* com qualquer crédito trabalhista devido ao empregado (art. 3º da L 4.749/65).

Para os empregados que recebem *salário variável* (prêmios, comissões etc.) a gratificação natalina será calculada na base de 1/11 da soma das importâncias variáveis devidas nos meses trabalhados até novembro de cada ano. A essa gratificação se somará a que corresponder à parte do salário contratual fixo.

30. Neste sentido: TST, 4ª T., RR 254.261/96.6; e TST, 3ª T., RR 202.760.3. Contra: Valentin Carrion, *Comentários*, 23ª ed., São Paulo, Saraiva, 1998, p. 343.

31. A L 4.749/65 regulamentou melhor o instituto.

Como se vê, no caso de remuneração integral ou parcialmente variável provavelmente haverá uma diferença referente ao mês de dezembro, não considerado na conta. Por isto, o cálculo será revisto até o dia 10 de janeiro do ano seguinte, com base em 1/12, computada a remuneração de dezembro. Até aquela data será feita a correção, com pagamento ou compensação das possíveis diferenças (art. 2º e parágrafo único do D 57.155/65).

No caso de *doença* a parcela referente aos primeiros 15 dias será devida pelo empregador. Após, o pagamento ficará por conta da Previdência, cumpridas as outras exigências legais.

O *aviso prévio* integra o contrato de trabalho para todos os efeitos. Assim, devem ser computados os 30 dias do aviso prévio para efeito do pagamento da gratificação natalina, mesmo que tenha ocorrido indenização, sem trabalho efetivo no período. Entende-se que o empregador obstou ao trabalho, indenizando-o, e que o empregado não pode sofrer gravame por isso.

1.17 Gratificações

As gratificações ajustadas no contrato de trabalho integram o salário. Entende-se tacitamente ajustada a gratificação habitual (Súmula 207 do STF), que também passa a compor o salário.

Não é claro o conceito de *habitualidade.*

Já foram consideradas "habituais" a gratificação semestral[32] e aquela concedida ao longo de 18 meses.

Lembra o mestre Amauri Mascaro Nascimento que, na prática dos tribunais, se a gratificação for paga mais de uma vez é considerada salário.[33]

Interessante critério é aquele que se vale da analogia e toma por base a solução adotada pelo legislador para o cálculo do mês fracionado (15 ou mais dias valem mês inteiro, mas é desconsiderada a fração inferior a 15 dias).

Por esse método, se a gratificação foi concedida em 50% do período trabalhado estará caracterizada a habitualidade. Caso contrário haverá apenas eventualidade.

A gratificação, prêmio ou abono eventual concedido por pura liberalidade não integra o salário.

32. "A gratificação semestral não repercute no cálculo das horas extras das férias, e do aviso prévio, ainda que indenizados. Repercute, contudo, pelo seu duodécimo na indenização por antiguidade e na gratificação natalina" (Súmula 253 do TST).

33. *Iniciação ao Direito do Trabalho*, 24ª ed., São Paulo, LTr, 1998, p. 340.

As gratificações oferecidas por *terceiros*, estranhos à relação contratual, não têm reflexo salarial. É o caso do fabricante que gratifica os vendedores do seu atacadista.

Sobre gratificação de função veja a Súmula 372 do TST.[34]

1.18 Gorjetas

Gorjeta é o valor entregue ao empregado, pelo cliente do empregador, como sinal de satisfação pelo atendimento recebido. Pode ser espontaneamente entregue pelo cliente ou pode estar incluída na nota, calculada em percentual sobre o consumo.

Como já visto, a CLT fez questão de excluir a gorjeta do conceito de salário (art. 457, *caput*). Salário compreende apenas as importâncias pagas ao empregado diretamente pelo empregador.

O reflexo prático de tais definições é que as gorjetas não repercutem no cálculo das horas extras, do adicional noturno, do aviso prévio e do repouso semanal remunerado (Súmula 354, TST).

Não pode o empregador se valer das gorjetas para completar o valor do salário-mínimo.

A *estimativa* do valor das gorjetas, calculada pela média, deve ser *anotada na CTPS* (art. 29, § 2º).

1.19 Indenização adicional

O empregado dispensado sem justa causa no período de 30 dias que antecede a data de sua correção salarial terá direito à indenização adicional equivalente a um salário mensal.

Trata-se de indenização pela chamada despedida obstativa, que – presume-se – tentou evitar o aumento salarial.

A indenização é conhecida como *art. 9º*, pois está prevista no art. 9º da L 6.708/79.

34. Sobre gratificação de função, assim dispõe a Súmula 372 do TST: "I – Percebida a gratificação de função por dez ou mais anos pelo empregado, se o empregador, sem justo motivo, revertê-lo a seu cargo efetivo, não poderá retirar-lhe a gratificação tendo em vista o princípio da estabilidade financeira. II – Mantido o empregado no exercício da função comissionada, não pode o empregador reduzir o valor da gratificação" (Súmula 372 do TST).

1.20 Multa por atraso de pagamento das verbas rescisórias

O art. 477, § 6º, CLT determina que o pagamento das parcelas constantes do instrumento de rescisão ou recibo de quitação deverá ser efetuado nos prazos: 1) até o primeiro dia útil imediato ao término do contrato; ou 2) até o décimo dia, contado da data da notificação da demissão, quando da ausência do aviso prévio, indenização do mesmo ou dispensa de seu cumprimento.

Não respeitados estes prazos, a lei prevê uma *multa administrativa* de 160 UFIR e uma *multa/indenização*, em favor do empregado, no valor do seu salário devidamente corrigido. A multa não será devida se comprovadamente o empregado der causa à mora (§ 8º do mesmo artigo).

1.21 Comissões

Comissão é o próprio salário pago em percentual sobre as vendas. O salário pode ser composto exclusivamente de comissões, desde que garantido o pagamento do salário mínimo Mas pode ocorrer que concorra também uma parte fixa, além das comissões em percentual sobre as vendas.

Sendo salário, a comissão é *irredutível*, salvo convenção ou acordo coletivo (art. 7º, VI, da CF).

Havendo *submissão a horário*[35] ou exigida *produção incompatível com a jornada normal de trabalho, é* de rigor o pagamento de *horas extras* ao comissionado. "É devida a remuneração do repouso semanal e dos dias feriados ao empregado comissionista, ainda que pracista" (Súmula 27 do TST).

O *pagamento das comissões* aos *vendedores*, *viajantes* e *pracistas* deverá ser feito mensalmente, expedindo a empresa, no fim de cada mês, a conta respectiva com cópias das faturas dos negócios concluídos. Pode haver ajuste para pagamento em períodos mais longos, de, no máximo, três meses (L 3.207/57, art. 4º e parágrafo único). O prazo conta-se da aceitação do negócio pela empresa, que é tácita após decorridos 10 dias contados da data da proposta. Nos negócios realizados com o estrangeiro ou em outro Estado o prazo para aceitação tácita é de 90 dias.

35. Súmula 340 do TST: "Comissionista. Horas extras. O empregado, sujeito a controle de horário, remunerado à base de comissões, tem direito ao adicional de, no mínimo 50% (cinquenta por cento) pelo trabalho em horas extras, calculado sobre o valor-hora das comissões recebidas no mês, considerando-se como divisor o número de horas efetivamente trabalhadas" (redação da Resol. 121/2003, *DJU* 19.11.2003). Foi cancelado o En. 56, que limitava a hora extra do balconista em 20%.

O *pagamento da comissão* somente é exigível quando realizado o negócio a que se refere.

Nas *vendas com pagamentos parcelados* as comissões são devidas conforme ocorrer a liquidação.

Mesmo *encerrado o contrato de trabalho* são devidas as comissões dos negócios já realizados.

Na *insolvência do comprador* poderá o empregador *estornar* o valor da comissão já paga (art. 7º da L 3.207/57).

1.22 Salário-família

Em que pese ao nome, *salário-família* não é salário.

Trata-se de prestação previdenciária que é adiantada pelo empregador ao empregado, junto com o salário.

A EC 20/98, que modificou o texto do art. 7º, XII, CF, limitou a garantia do benefício. O salário-família passou a ser devido apenas em razão dos dependentes do *trabalhador de baixa renda*, assim entendido aquele que recebe renda bruta mensal igual ou inferior a R$ 540,00 (art. 7º, XII, CF, com a redação da EC 20, c/c o art. 13 da mesma Emenda).

A apresentação da *prova da filiação* marca o termo inicial do direito ao recebimento do salário-família (Súmula 254 do TST).

1.23 Salário-educação

O *salário-educação* nada mais é do que uma contribuição social devida pelas empresas, que constitui fonte adicional de financiamento do ensino fundamental público (art. 212, § 5º, da CF).

1.24 Salário-maternidade

A licença para as gestantes é de 120 dias[36] (arts. 7º, XVIII, da CF e 392, da CLT), com direito à manutenção do emprego e ao salário-maternidade. A empresa paga o salário-maternidade, compensando-se depois nos recolhimentos ao INSS (art. 72, § 1º, da Lei de Benefícios da Previdência Social, LBPS, L 8.213/91, na redação da L 10.710, de 5.8.2003). Cabe

36. ***Trigêmeos – Ampliação da licença-maternidade***. Há decisão prorrogando em três meses a licença-maternidade de funcionária pública em função de nascimento de trigêmeos, com um deles necessitando de cuidados especiais. Situação específica, que não deve seguir a regra geral (autos 0480 14 00 7869-6 da 2ª Vara Cível da comarca de Patos de Minas-MG, 2.6.2014).

também licença-maternidade no caso de adoção (art. 392-A da CLT). Contudo, o salário-maternidade será pago diretamente pela Previdência Social no caso da empregada doméstica, da trabalhadora avulsa, da trabalhadora rural, e ainda no caso da segurada que adotar ou obtiver guarda judicial de criança para fins de adoção (parágrafo único do art. 71-A; art. 72, § 3º; art. 73; todos da LBPS, na redação da L 10.710/2003).[37]

1.25 Faltas ao trabalho

Havendo *falta não justificada*, o empregador está autorizado a descontar do salário os valores referente ao dia da ausência e ao do repouso semanal remunerado daquela semana.

As *causas de justificação* são aquelas expressamente previstas no contrato de trabalho, na convenção coletiva, no regulamento da empresa e na lei.

São consideradas *faltas justificadas*:

1) até dois dias consecutivos, em caso de falecimento do cônjuge, ascendente, descendente, irmão ou pessoa que, declarada em sua CTPS, viva sob sua dependência econômica (CLT, art. 473, I); até nove dias para o professor, pelo falecimento do cônjuge, do pai ou mãe, ou de filho (art. 320, § 3º);
2) até três dias consecutivos, em virtude de casamento (art. 473, II); até nove dias para o professor (art. 320, § 3º);
3) no caso de nascimento de filho, (art. 7º, XIX, da CF e art. 10 do ADCT);
4) por 1 dia, em cada 12 meses de trabalho, em caso de doação voluntária de sangue (art. 473, IV);
5) até dois dias, para alistamento ou transferência eleitoral (art. 473, V, e art. 48 do Código Eleitoral);
6) para cumprir as exigências do Serviço Militar Obrigatório (art. 473, VI);

37. **Licença-maternidade.** A licença-maternidade poderá vir a ser prorrogada por mais 60 dias, facultativamente, por empregador pessoa jurídica que aderir ao Programa Empresa-Cidadã, com dedução da despesa respectiva no imposto de renda (arts. 1º, I, 5º da L 11.770, de 9.9.2008).

Licença-paternidade. É de 5 dias (art. 10, § 1º, ADCT), período que pode ser prorrogado por mais 15 dias, nos moldes da prorrogação da licença-maternidade (art. 1º, II, da L 11.770, de 9.9.2008).

7) para realizar exame vestibular de ingresso em estabelecimento de ensino superior (art. 473, VII);

8) pelo tempo que se fizer necessário, quando tiver que comparecer a juízo (art. 473, VIII);

9) pelo tempo que se fizer necessário, quando, na qualidade de representante de entidade sindical, estiver participando de reunião oficial de organismo internacional do qual o Brasil seja membro (art. 473, IX);

10) por motivo de doença do empregado, comprovada por atestado médico,[38] nos primeiros 15 dias (art. 60, § 3º, da L 8.213/91);

11) para servir como testemunha em juízo (art. 419, parágrafo único, do CPC);

12) para servir como jurado (art. 430 do CPP);

13) para comparecer na Justiça do Trabalho, quando necessário, como parte (TST, Súmula 155).

A falta injustificada *habitual* pode configurar *desídia*, que é justa causa para a dispensa do empregado pelo empregador (art. 482, "e", da CLT). Também o *período de férias* será afetado pelo número das faltas injustificadas ocorridas no período aquisitivo, conforme a tabela do art. 130, CLT. Assim, por exemplo, ultrapassado o limite legal de 33 faltas, o empregado não fará jus às férias. Mas as faltas injustificadas não poderão ser descontadas diretamente do período de férias, como se fossem dias gozados de descanso (art. 130, § 1º, da CLT).

1.26 Repouso semanal remunerado (r.s.r.) e feriados

A cada semana trabalhada é assegurado ao empregado um *descanso remunerado* de 24 horas consecutivas. O repouso semanal deverá coincidir com o *domingo*,[39] salvo motivo de conveniência pública ou necessidade

38. L 605/49, art. 6º, § 2º: "A doença será comprovada mediante atestado de médico da instituição de previdência social a que estiver filiado o empregado, e, na falta deste e sucessivamente, de médico do Serviço Social do Comércio ou da Indústria; de médico da empresa ou por ela designado; de médico a serviço de repartição federal, estadual ou municipal, incumbida de assuntos de higiene ou de saúde pública; ou, não existindo estes, na localidade em que trabalhar, de médico de sua escolha".

39. Nem sempre o descanso semanal foi aos domingos. Por muito tempo os hebreus folgaram no sétimo dia da semana, à semelhança de Javé Deus (*Genesis*). O nome *sábado*

imperiosa do serviço.[40] Para a *aquisição do direito* ao r.s.r. é necessário que não haja falta injustificada durante a semana. Se houver, sobrevive o direito ao dia de descanso, mas haverá perda do direito à remuneração daquele dia. Os *feriados* também são dias de repouso e a remuneração depende do cumprimento integral do horário de trabalho durante a semana (art. 8º da L 605/49). O repouso semanal não pode ser convertido em pecúnia. Mas os *feriados* podem ser compensados por outro dia, ou suprimidos, com *pagamento em dobro*[41] (art. 9º da L 605/49).

A *remuneração* do repouso semanal será a mesma de um dia normal de trabalho, incluídas as horas extras habitualmente prestadas.[42] Aquele que recebe por *comissão* também tem direito à remuneração do repouso semanal, no valor proporcional à produção daquela semana. Os feriados e repousos semanais que ocorrem nas *férias* são absorvidos por elas.

A CLT confere repouso remunerado de duas semanas para a *mulher* em caso de *aborto não criminoso*, comprovado por atestado médico oficial (art. 395).

2. *Calcule fácil: salário*

Anotações para o cálculo trabalhista

Lembretes

- Enquanto a unidade-hora é dividida em 60 frações (minutos), a unidade monetária é dividida em 100 partes (centavos). Tal fato dificulta o cálculo do valor das horas

deriva da palavra hebraica *Sabbat*, dia de repouso. Com o desenvolvimento do Catolicismo o descanso semanal foi deslocado para o *dies domini*, o dia do Senhor: domingo.

40. A matéria é regulada pela CLT (arts. 67 e ss.) e pela L 605/49. Se a empresa funcionar também aos domingos, o repouso semanal remunerado deverá coincidir com um domingo, ao menos uma vez a cada quatro semanas (L 10.101/2000, art. 6º, parágrafo único).

41. A Súmula 146 do TST determina que o trabalho realizado em domingo e feriado não-compensado é pago em dobro, não em triplo. Mas, se assim ocorrer, não haverá qualquer penalidade para o empregador faltoso, que pagará o valor simples (o dia de trabalho efetivamente realizado mais o dia da folga remunerada). Por isto, há quem entenda que o pagamento, neste caso, deverá ser em triplo (o dobro pela falta de folga, mais o dia simples pelo trabalho realizado).

42. Não repercutem no *cálculo* do r.s.r. as gratificações de produtividade e por tempo de serviço (Súmula 225 TST) e as gorjetas (Súmula 354 TST).

trabalhadas quando há hora incompleta a considerar. Neste caso, o cálculo ficará muito simples se os minutos forem transformados em centésimos de hora. Observe-se que 1 hora e 30 minutos corresponde a 1,5 hora (uma hora e meia). Basta dividir os minutos por 60. Assim, 13 horas e 24 minutos (24 : 60 = 0,40) correspondem a 13,40 horas centesimais, já prontas para qualquer cálculo. Outra maneira de resolver a questão é dividir o valor da hora trabalhada por 60 (minutos) e, depois, multiplicar pelo número de minutos da hora incompleta.

- Os cálculos devem trazer cada uma das verbas bem discriminadas e perfeitamente descritas, pois é ilegal o salário complessivo.

2.1 Horas extras

1) Definir o valor do salário-hora normal
   - Para o mensalista, o salário mensal[43] deve ser dividido por 220, que é o número de horas da jornada mensal. Assim:

     ⟶ salário mensal : 220 = salário-hora normal[44]
   - Para quem recebe comissões o salário mensal será o total das comissões daquele mês
2) Definido o salário-hora normal, deve-se somar o adicional referente à hora extra (a Constituição Federal determina adicional de 50%, no mínimo) e multiplicar pelo número de horas extras. Assim:

   ⟶ salário-hora normal + 50% × número de horas extras trabalhadas no período = valor a pagar pelas horas extras

► *Exemplo*: R$ 1.100,00 (salário mensal) : 220 (horas da jornada mensal) = R$ 5,00

⟶ R$ 5,00 (salário-hora normal) + R$ 2,50 (acréscimo de 50%, hora extra) = R$ 7,50

⟶ R$ 7,50 × 10 (horas extras) = R$ 75,00 (valor das horas extras do período)

43. A base para o cálculo da hora extra é composta do valor da hora normal acrescido das parcelas de natureza salarial e dos adicionais previstos em lei, contrato, acordo, convenção coletiva ou sentença normativa (Súmula 264 do TST). Assim, entram no cálculo os adicionais noturno, insalubridade ou periculosidade, as comissões e todas as gratificações habituais. A jurisprudência está dividida sobre as gorjetas.

44. O número 220, referente à quantidade de horas da jornada mensal normal, de 44 horas semanais, pode ser substituído por 110 (para os que recebem por quinzena), 44 (para os que recebem por semana) ou 7,333 (para os que recebem por dia). Em outros casos: quantidade de horas centesimais diárias ´ dias trabalhados = jornada mensal. "Para os empregados a que

2.2 *Horas extras noturnas*

- A hora noturna é contada de forma reduzida, a cada 52 minutos e 30 segundos (redução de 12,5%), e é paga com 20% de acréscimo sobre o valor da hora normal. Sobre a hora noturna com adicional noturno incidirá ainda outro adicional de 50% (mínimo), referente à hora extra. Assim:

  ——► número de horas comuns × 1,3714284[45] + 50% (no mínimo) × valor da hora normal = valor a pagar pelas horas extras noturnas[46]

► *Exemplo*: 20 (horas trabalhadas no período noturno) × 1,3714284 = 27,428568

——► 27,428568 + 13,714284 (acréscimo de 50%) = 41,142852

——► 41,142852 × R$ 6,00 (valor da hora normal) = R$ 246,86 (valor das horas extras noturnas)

Observe que este cálculo simplificado só pode ser utilizado quando as horas extras trabalhadas de noite estão bem definidas. Se houver mistura entre horas diurnas, horas noturnas e horas extras noturnas no mesmo dia, faça o seguinte cálculo: números de horas trabalhadas no período noturno × 60 (minutos): 52,5 (minutos da hora noturna) = horas noturnas reduzidas. Somar ao número de horas diurnas – 8 (jornada normal) = horas extras noturnas.

2.3 *Horas extras – Repercussão no repouso semanal remunerado (r.s.r.) e nos feriados*

——► total de horas extras da semana : número de dias trabalhados = horas extras remuneradas por r.s.r. ou do feriado

alude o art. 58, *caput*, da CLT, quando sujeitos a 40 horas semanais de trabalho, aplica-se o divisor 200 para o cálculo do valor do salário hora" (Súmula 431 do TST).

45. A multiplicação por *1,3714284* engloba o redutor de horas e o adicional noturno, em uma só operação. O cálculo simplificado é sugerido por Paulo César Bania de Castilho (*Prática de Cálculos Trabalhistas*, p. 124).

46. Conforme orientação jurisprudencial do TST (SDI, 97), o *adicional noturno* integra a base de cálculo das *horas extras noturnas*. Mas observe-se que a matéria não é pacífica, existindo corrente que defende o cálculo dos dois adicionais de forma não cumulativa.

► *Exemplo de semana com um feriado*: 5 (horas extras da semana) : 5 (dias trabalhados) = 1 hora extra. O empregado terá direito ao pagamento de uma hora extra adicional referente ao r.s.r. e mais outra referente ao feriado

2.4 Horas extras – Repercussão no 13º salário[47]

———► total das horas extras do ano : número de meses trabalhados = horas extras refletidas na gratificação natalina

- Se não houver possibilidade de computar as horas extras de dezembro no cálculo, será necessário acerto de contas em janeiro

► *Exemplo*: 105 (horas extras do ano) : 7 (meses trabalhados – iniciou em junho) = 15 (horas extras[48] a pagar junto com o 13º salário)

2.5 Horas extras – Repercussão nas férias

Com o cancelamento do En. 151 do TST, pela Resolução 121/2003, entende-se que as horas extras não repercutem na remuneração das férias.

2.6 Repouso semanal remunerado (r.s.r) e faltas

———► salário recebido na semana : número de dias trabalhados na mesma semana = repouso semanal remunerado

- Quem recebe por comissão

  ———► comissões do mês : número de dias úteis do mês = valor de cada r.s.r. e feriado

► *Exemplo de mês com um feriado e quatro domingos*:

30 – 5 (1 feriado + 4 domingos) = 25 (dias úteis)

R$ 1.200,00 (comissões do mês) : 25 = R$ 48,00

47. A hora extra habitual integra a gratificação natalina (Súmula 45 do TST).
48. Pagas pelo valor de dezembro.

R$ 48,00 × 5 = R$ 240,00 (valor dos r.s.r. + feriado)

R$ 1.200,00 + R$ 240,00 = R$ 1.440,00 (valor a receber no final do mês)

- Mensalista ou quinzenalista: já são remunerados os r.s.r. e feriados, globalmente, pelo salário mensal ou quinzenal. Nada há para calcular em acréscimo
- No caso de desconto por falta injustificada
  ——► valor do salário mensal : 30 × [número de r.s.r. perdidos + feriados perdidos + faltas] = valor a descontar do salário mensal

► *Exemplo de mês em que ocorreram 2 faltas e foram perdidos 2 domingos e 1 feriado:*

R$ 1.200,00 (salário mensal) : 30 = R$ 40,00

R$ 40,00 × 5 (2 faltas + 2 r.s.r. + 1 feriado) = R$ 200,00 (desconto)

R$ 1.200,00 – R$ 200,00 = R$ 1.000,00 (a receber naquele mês)

2.7 *Adicionais*

Lembrete:

Não há cumulação entre os adicionais periculosidade e insalubridade. Sendo o trabalho insalubre e perigoso, deverá o empregado optar por apenas um adicional (art. 193, § 2º, da CLT).

2.7.1 Adicional-insalubridade

- Verificar qual o grau de insalubridade (máximo, médio ou mínimo), o percentual respectivo (40%, 20% ou 10%) e aplicar ao valor do salário mínimo.
  Depois somar ao salário contratual
  ——► salário mínimo × 40% (ou 20 ou 10%) = adicional insalubridade

► *Exemplo*: R$ 300,00 (salário mínimo) × 20% (adicional-insalubridade no grau médio) = R$ 60,00 (adicional acrescentar ao salário contratual)

2.7.2 Adicional-periculosidade

- Aplicar o adicional de 30% sobre o salário contratual, sem qualquer acréscimo
  ——► adicional-insalubridade = 30% do salário básico

► *Exemplo*: R$ 1.000,00 (salário contratual básico) + R$ 300,00 (30% adicional-periculosidade) = R$ 1.300,00 (salário + adicional)

2.7.3 Adicional noturno

- Por ficção legal, a hora noturna é reduzida, computando-se a cada 52 minutos e 30 segundos (redução de 12,5%). Por outro lado, o adicional noturno é de 20%
- É possível calcular a vantagem de tempo e o adicional de 20% em uma só operação. Basta multiplicar o número de horas centesimais por 1,3714284[49]
  ——► número de horas trabalhadas no período noturno × 1,3714284 × valor da hora normal diurna = valor a pagar pelas horas noturnas

► *Exemplo*: 10 (horas trabalhadas no período noturno) × 1,3714284 × R$ 6,00 (valor da hora normal) = R$ 82,29 (valor das horas noturnas)

2.8 Décimo terceiro salário

Lembretes

- A gratificação natalina é paga em duas parcelas. A primeira até 30 de novembro e a segunda até 20 de dezembro
- Considera-se a fração de 15 ou mais dias como mês integral. A fração de 14 dias ou menos é desprezada
- A gratificação corresponde a 1/12 da remuneração de dezembro multiplicada pelo número de meses trabalhados durante o ano, já computadas as horas extras e gratificações habituais, além das gorjetas. Assim:

  ——► gratificação natalina = remuneração de dezembro : 12 × número de meses trabalhados

  Exemplo: R$ 834,00 (salário de dezembro) : 12 = R$ 69,50

49. Esta forma simplificada de cálculo é sugerida por Paulo César de Castilho (ob. cit.).

R$ 69,50 × 8 (meses trabalhados – iniciou em maio) = R$ 556,00 (valor da gratificação natalina)

- No caso de remuneração variável

  ⟶ gratificação natalina = remuneração média mensal daquele ano : 12 × número de meses trabalhados

- No caso de rescisão do contrato de trabalho deve ser computado 1/12 a mais no 13º, referente aos 30 dias de aviso prévio, mesmo que tenha ocorrido indenização, sem trabalho efetivo

3. Participação nos lucros ou resultados

A participação nos lucros ou resultados pode ser estabelecida mediante negociação entre a empresa e seus empregados (L 10.101/00; art. 621, CLT; art. 7º, XI, da CF).

Não se presta para substituir ou complementar a remuneração devida ao empregado. Sobre ela não incidem encargos trabalhistas, nem se aplica o princípio da habitualidade. Para a empresa, o valor pago será contabilizado como despesa operacional.

A participação pode ser estabelecida mediante convenção ou acordo coletivo, ou por uma comissão mista, tendo como integrante um representante do sindicato da categoria. Havendo impasse, pode ser escolhido um mediador, para orientar a chegada ao consenso (*mediação*), ou um árbitro, que optará por uma das propostas feitas em caráter definitivo pelas partes (*arbitragem de ofertas finais*). O laudo arbitral terá força normativa independentemente de homologação em Juízo.

Nas empresas estatais, a participação deve obedecer diretrizes fixadas pelo Poder Executivo respectivo.

Não pode haver participação no caso de empregados de pessoa física e de entidades sem fins lucrativos.

Capítulo VIII

FÉRIAS

1. Conceitos básicos: 1.1 Noção – 1.2 Período aquisitivo e período concessivo – 1.3 Férias em dobro – 1.4 Período de férias – 1.5 Perda do direito e suspensão do direito – 1.6 Férias no regime de tempo parcial – 1.7 Férias coletivas – 1.8 Férias vencidas, férias proporcionais e rescisão do contrato – 1.9 Remuneração das férias – 1.10 Abono de férias – 1.11 Férias do empregado em regime de tempo parcial – 1.12 Férias do professor – 1.13 Prescrição das férias. 1.14 Pagamento das férias. 2. Calcule fácil: férias: 2.1 Tabela: férias/faltas injustificadas – 2.2 Férias vencidas ou proporcionais – 2.3 Férias de 30 dias com abono (1/3).

1. Conceitos básicos

1.1 Noção

As *férias anuais remuneradas* prestam-se para o descanso e a reparação física e mental do empregado.

A cada 12 meses de vigência do contrato de trabalho o empregado adquire o direito ao gozo férias, sem prejuízo da remuneração e valendo, para todos os efeitos, como *tempo de serviço.*

1.2 Período aquisitivo e período concessivo

Este prazo de 12 meses, quando se adquire o direito a férias, é denominado *período aquisitivo.*

Findo o período aquisitivo, inicia-se outro, também de 12 meses, dentro do qual o empregador deverá conceder as férias, conforme suas conveniências. Este é o *período concessivo.*[1]

1. ***Licença médica. Período de férias.*** Período de afastamento em virtude de licença médica que é de efetivo exercício, no termos do artigo 102, inciso VIII, item *b*, da Lei 8.112/90. Não se pode gozar férias na fruição de licença médica por força maior. Portanto, cabe remarcação das férias (TRF-3, 1ª T., Processo 0001578-98.2012.4.03.6000-MS).

1.3 Férias em dobro

Se não forem concedidas as férias no período concessivo, o empregado terá direito ao pagamento de férias *em dobro*, podendo também pedir a *fixação judicial* de suas férias.

A *dobra* é uma pena aplicada ao empregador omisso. Incide apenas sobre o valor da remuneração das férias. Entretanto, a matéria não é pacífica e há quem defenda a aplicação da dobra também sobre o terço constitucional[2] (art. 7º, XVII, da CF).

1.4 Período de férias

O período de férias é de 30 dias corridos, mas haverá diminuição conforme o número de faltas[3] injustificadas[4] verificadas no período aquisitivo. Embora permitida a redução do período de férias, conforme a tabela do art. 130 da Consolidação das Leis do Trabalho, é proibido o desconto direto das faltas nos dias de férias.

As férias devem ser concedidas de preferência em um único bloco. Excepcionalmente a lei admite a divisão em dois períodos, mas um deles, pelo menos, não poderá ser inferior a 10 dias corridos. Essa divisão é proibida para empregados menores de 18 anos e maiores de 50 anos (art. 134).

Os menores de 18 anos têm direito de fazer coincidir suas férias no trabalho com as férias escolares. Sempre que possível os integrantes da

2. Na primeira posição está Valetin Carrion. Na segunda, Sérgio Pinto Martins, Aristeu de Oliveira, Juarez Varallo Pont e Antônio Gomes das Neves.

3. CLT, art. 130: "Após cada período de 12 (doze) meses de vigência do contrato de trabalho, o empregado terá direito a férias, na seguinte proporção: I – 30 (trinta) dias corridos, quando não houver faltado ao serviço mais de 5 (cinco) vezes; II – 24 (vinte e quatro) dias corridos, quando houver tido de 6 (seis) a 14 (quatorze) faltas; III – 18 (dezoito) dias corridos, quando houver tido de 15 (quinze) a 23 (vinte e três) faltas; IV – 12 (doze) dias corridos, quando houver tido de 24 (vinte e quatro) a 32 (trinta e duas) faltas". **OBS**: a proporção do direito a férias para o trabalhador em regime de tempo parcial é regulada pelo art. 130-A da CLT.

4. O art. 131 da CLT enumera os casos em que as faltas não são consideradas para efeito de diminuição do período de férias: "I – nos casos referidos no art. 473" (dois dias por nojo, três dias por gala, cinco dias de licença-paternidade, um dia anual para doação de sangue, dois dias de alistamento eleitoral, os dias do serviço militar obrigatório, os dias de exame vestibular para curso superior); "II – durante o licenciamento compulsório da empregada, por motivo de maternidade ou aborto, observados os requisitos para percepção do salário-maternidade custeado pela Previdência Social; III – por motivo de acidente do trabalho ou enfermidade atestada pelo Instituto Nacional do Seguro Social-INSS, excetuada a hipótese do inciso IV do art. 133; IV – justificada pela empresa, entendendo-se como tal a que não tiver determinado o desconto do correspondente salário; V – durante a suspensão preventiva para responder a inquérito administrativo ou de prisão preventiva, quando for impronunciado ou absolvido; e VI – nos dias em que não tenha havido serviço, salvo na hipótese do inciso III do art. 133".

mesma família, que trabalham na mesma empresa, deverão tirar férias na mesma época.

O empregador deve avisar o empregado, por escrito, 30 dias antes do início das férias. Deste aviso o empregado passará recibo.

1.5 Perda do direito e suspensão do direito

Havendo mais de 32 faltas injustificadas durante o período aquisitivo, o empregado *perderá o direito* a férias Também haverá perda nos seguintes casos:

1) gozo de licença remunerada por mais de 30 dias;

2) paralisação total ou parcial da empresa por mais de 30 dias; e

3) afastamento por acidente do trabalho ou auxílio-doença, por mais de 6 meses.

Perdido o direito a férias, o retorno do empregado ao trabalho marcará o início de novo período aquisitivo.

O *serviço militar obrigatório* suspende a contagem do período aquisitivo, que tem continuação quando o empregado retorna ao emprego, dentro de 90 dias após a baixa.

Também será retomada a contagem do período aquisitivo se o empregado *demitido* for *readmitido* dentro de 60 dias subsequentes à sua saída.

1.6 Férias no regime de tempo parcial

Considera-se trabalho em regime de *tempo parcial* aquele cuja duração não excede 25 horas semanais. O *salário* é proporcional à jornada, em relação aos empregados que cumprem as mesmas funções em tempo integral (art. 58-A).

O *período de férias* também é proporcional à jornada de trabalho parcial, conforme a tabela do art. 130-A.

O empregado contratado sob o regime de tempo parcial que tiver mais de sete *faltas injustificadas* ao longo do lapso aquisitivo terá seu período de férias reduzido à metade.

1.7 Férias coletivas

Poderão ser concedidas *férias coletivas* a todos os empregados de uma empresa, mediante comunicação ao órgão do Ministério do Trabalho e ao sindicato respectivo.

Aqueles que ainda não adquiriram o *direito a férias integrais* gozarão férias proporcionais durante as férias coletivas, iniciando-se, após, novo período aquisitivo.

O empregador poderá determinar que estes empregados cumpram jornada de trabalho nos dias que excederem suas férias proporcionais. Caso não sejam chamados, entende-se ficaram à disposição do empregador no período restante e, portanto, fazem jus ao salário respectivo.

Alguns admitem que os dias excedentes sejam considerados como adiantamento de férias.[5]

1.8 Férias vencidas, férias proporcionais e rescisão do contrato

Destaque especial merece o problema das férias na rescisão do contrato de trabalho.

Esgotado o período aquisitivo, haverá direito adquirido a férias, que serão devidas em todos os casos, inclusive na despedida por justa causa. As férias já adquiridas são denominadas férias vencidas.

Se houver *rescisão durante o período aquisitivo*, o empregado terá direito a *férias proporcionais*, na razão de 1/12 por mês de serviço ou fração superior a 14 dias.[6] Neste caso, as férias proporcionais somente não serão devidas se houver demissão por justa causa.

O empregado que contava com menos de 12 meses de casa também terá direito a *férias proporcionais*, exceto se despedido por justa causa.[7]

É bom destacar que o *aviso prévio* integra o tempo de serviço para todos os efeitos. Assim, o mês de aviso prévio efetivamente trabalhado ou apenas indenizado é computado em 1/12 a mais para o cálculo das férias.

Entende-se que o empregado não poderá ser prejudicado no cálculo das férias se o empregador obstou ao trabalho no período de aviso prévio.

1.9 Remuneração das férias

A remuneração das férias é a normal devida na data da concessão, incluindo-se aí as horas extras, os adicionais noturnos, insalubridade e periculosidade, além da média das gorjetas. Sempre que a remuneração

5. Assim, Valentin Carrion. Contra, por falta de autorização legal, Amauri Mascaro Nascimento.

6. As frações inferiores a 14 dias são desconsideradas, como se inexistentes. As frações de 15 ou mais dias são contadas como mês completo (art. 146, parágrafo único, da CLT).

7. Súmula 171 do TST.

for variável (por produção, tarefa, comissão) deverá ser calculada a média dos ganhos mensais no período aquisitivo, atualizados na data da concessão.

Sobre o salário normal é acrescido *1/3*, que é o chamado *terço constitucional* (art. 7º, XVII, da CF).

1.10 Abono de férias

É direito do empregado converter 1/3 do período de férias em *abono pecuniário*, desde que o requeira 15 dias antes do término do período aquisitivo (art. 143 da CLT). O terço constitucional incide apenas sobre os 30 dias de férias, não sobre o pagamento dos dias não gozados pagos pela empresa.[8]

1.11 Férias do empregado em regime de tempo parcial

A proporção do direito a férias para o trabalhador em regime de tempo parcial é regulada pelo art. 130-A da CLT.

1.12 Férias do professor

Além das férias comuns, os *professores* também são afetados pelas *férias escolares*. Não há problema algum no que se refere às férias normais. Entretanto, durante as férias escolares é assegurado o pagamento da mesma remuneração recebida durante o período de aulas. Se *despedido sem justa causa* ao terminar o ano letivo ou no curso dessas férias, também fará jus àquela remuneração (Súmula 10 do TST[9]).

Durante as férias escolares somente se poderá exigir do professor serviço relacionado com a realização de exames.

1.13 Prescrição das férias

A *prescrição* para reclamar férias tem início no fim do período concessivo ou no dia da cessação do contrato de trabalho. O prazo é de cinco

8. Este é o entendimento da Súmula 328 do TST para que não haja *bis in idem* (TST, RR 102-98.2011.5.07.0007).

9. "*Professor. Dispensa sem justa causa. Término do ano letivo ou no curso de férias escolares. Aviso prévio.* O direito aos salários assegurados (artigo 322, *caput* e § 3º da CLT) não exclui o direito também ao aviso prévio, na hipótese de dispensa sem justa causa ao término do ano letivo ou no curso das férias escolares".

anos, durante a vigência do contrato de trabalho, ou de dois anos, após sua extinção.

1.14. Pagamento das férias

O pagamento da remuneração das férias e do eventual abono deve ser efetuado até 2 dias antes do início do respectivo período (art. 145 da CLT). O descumprimento desse prazo enseja pagamento em dobro.[10]

2. Calcule fácil: férias

Anotações para o cálculo trabalhista

2.1 Tabela: férias/faltas injustificadas

FALTAS INJUSTIFICADAS NOS ÚLTIMOS 12 MESES	PERÍODO DE FÉRIAS
Até 5 faltas	30 dias corridos
De 6 a 14 faltas	24 dias corridos
De 15 a 23 faltas	18 dias corridos
De 24 a 32 faltas	12 dias corridos

Obs.: O regime de trabalho de tempo parcial tem sistemática toda própria para as férias (art. 130-A).

2.2 Férias vencidas ou proporcionais

——► salário mensal atual (ou média anual atualizada, se variável) **:** 12 × número de meses trabalhados + 1/3 = valor das férias

2.3 Férias de 30 dias com abono (1/3)

——► salário mensal atual (ou média, se variável) **:** 3 + 1/3 = valor do abono de 10 dias

10. ***Pagamento depois dos dois dias antecedentes.*** "É devido o pagamento em dobro da remuneração de férias, incluído o terço constitucional, com base no art. 137 da CLT, quando, ainda que gozadas na época própria, o empregador tenha descumprido o prazo previsto no art. 145 do mesmo diploma legal" (Súmula 450 do TST).

⟶ salário mensal atual (ou média) : 1,5 + 1/3 = férias de 20 dias

Outros casos: dividir o salário (ou média) por 30 e multiplicar pelo número de dias das férias ou do abono, acrescendo sempre de 1/3

Capítulo IX

SUSPENSÃO E INTERRUPÇÃO DO CONTRATO DE TRABALHO

1. Noções. 2. Casos de suspensão. 3. Casos de interrupção. 4. Dispensa injustificada durante a suspensão ou interrupção. 5. Suspensão e interrupção no contrato por prazo certo.

1. Noções

A lei não define o que é interrupção e suspensão do contrato de trabalho. É a doutrina que se encarrega da tarefa.

Suspensão é o fenômeno provisório pelo qual o contrato de trabalho[1] e seus principais efeitos ficam totalmente inoperantes, paralisados. Em princípio, na suspensão o empregado não presta serviços, o empregador não está obrigado a pagar os salários e não se conta o afastamento como tempo de serviço.

Na *interrupção* também há uma paralisação provisória, mas apenas parcial. Em regra, é devido o salário e o período de afastamento é contado como tempo de serviço, embora não haja prestação do trabalho.

2. Casos de suspensão

1. Auxílio-doença, após o 15º dia, quando as prestações previdenciárias passam a ser devidas pela Previdência Social (art. 476).[2]
2. Aposentadoria por invalidez (art. 475), enquanto durar a causa da invalidez.[2]

1. Para Amauri Mascaro Nascimento, na tentativa de unificar os dois institutos, é o trabalho que é suspenso ou interrompido, não o contrato de trabalho.

2. **Súmula 440 da TST**: "*Plano de saúde ou de assistência médica.* "Assegura-se o direito à manutenção de plano de saúde, ou de assistência médica, oferecido pela empresa

3. Encargos públicos (vereador, prefeito, juiz classista etc.).
4. Representante sindical eleito (art. 543, § 2º).
5. Suspensão disciplinar
6. Greve, sem salários, cumpridas as condições do art. 7º da L 7.783/89.
7. Força maior (art. 61, § 3º, da CLT).
8. Suspensão durante inquérito para apuração de falta grave, no caso do estável.
9. Acidente de trabalho, após o 15º dia. Por exceção, conta-se o período de afastamento como tempo de serviço para efeito de indenização e estabilidade (art. 4º, § ún.). São devidos os depósitos no FGTS (art. 15, § 5º, da L 8.036/90 e art. 28, III, do D 99.684/90).
10. Serviço militar obrigatório. Por exceção, conta-se o período como tempo de serviço para fins de indenização e estabilidade (art. 4º, § ún.; Súmula 463 do STF e DL 1.041/69). São devidos os depósitos no FGTS (art. 15, § 5º, da L 8.036/90 e art. 28 do D 99.684/90).
11. Participação em curso ou programa de qualificação profissional (art. 476-A).
12. Eleição para diretor de S/A (Súmula 269 do TST). Conta-se o tempo de serviço somente se permanecer a subordinação.
13. Mulher vítima de violência doméstica, afastada do local de trabalho, por determinação judicial, por até 6 meses (L 11.340/2006, art. 9º, § 2º, II).

3. *Casos de interrupção*

1. Férias (art. 130).
2. Repouso semanal remunerado (L 605/49).
3. Feriados (L 605/49).
4. Nojo, até dois dias (art. 473, I), ou nove dias, para o professor (art. 320, § 3º).
5. Gala, por até três dias (art. 473, II), ou até nove dias para o professor (art. 320, § 3º).

ao empregado, não obstante suspenso o contrato de trabalho em virtude de auxílio-doença acidentário ou de aposentadoria por invalidez”

6. Licença-paternidade, por cinco dias, na primeira semana (art. 473, III, c/c o art. 10 do ADCT da CF).
7. Doação de sangue, por 1 dia, em cada 12 meses de trabalho (art. 473, IV).
8. Alistamento ou transferência eleitoral, até dois dias (art. 473, V, e art. 48 do Código Eleitoral).
9. Exigências do serviço militar obrigatório (art. 473, VI).
10. Exame vestibular para ingresso em estabelecimento de ensino superior (art. 473, VII).
11. O tempo que se fizer necessário, quando tiver que comparecer a juízo (art. 473, VIII, acrescido pela L 9.853, de 27.10.99).
12. Jurado (art. 430 do CPP).
13. Parte em processo trabalhista, quando necessário (TST, Súmula 155).
14. Acidente do trabalho, nos primeiros 15 dias (arts. 60, § 3º, e 61 da L 8.213/91).
15. Doença do empregado, comprovada por atestado médico, nos primeiros 15 dias (art. 60, § 3º, da L 8.213/91).
16. Aborto não criminoso, por duas semanas (art. 395).
17. Aviso prévio indenizado.
18. Greve, havendo pagamento de salários (art. 17 da L 7.783/89).
19. Licença-maternidade. É um benefício previdenciário. O empregador paga os salários, mas desconta os valores dos recolhimentos devidos à Previdência (art. 2º da L 6.136/74). A maioria dos autores entende que se trata de interrupção, embora não arque o empregador efetivamente com o pagamento do salário.
20. Durante a paralisação dos serviços, em decorrência de interdição ou embargo promovido pelo Delegado Regional do Trabalho (art. 161, § 6º).

4. Dispensa injustificada durante a suspensão ou interrupção

Como de hábito, a lei silencia e deixa larga margem de dúvida sobre o assunto.

Há uma tendência de admitir a *despedida sem justa causa*, já que a lei não a proíbe e nem é caso de *estabilidade provisória*. Mas o empregado terá sempre direito à *reparação* mais ampla possível, recebendo todas as vantagens, inclusive com os *reajustes salariais* ocorridos no período de suspensão ou interrupção.

Para outra corrente doutrinária, entretanto, a *despedida injusta* e a concessão de *aviso prévio* durante a interrupção ou suspensão são inadmissíveis, pois o empregado estaria impossibilitado de procurar nova colocação neste período.

5. *Suspensão e interrupção no contrato por prazo certo*

A suspensão e a interrupção no *contrato por prazo determinado* não afetam o lapso ajustado, que continua a correr normalmente. Nada impede que o *termo final*, que já era conhecido pelas partes, ocorra dentro do período de paralisação do contrato.

Entretanto, se as partes assim o ajustarem, o tempo de interrupção ou suspensão pode ser descontado (art. 472, § 2º).

Capítulo X

EXTINÇÃO DO CONTRATO INDIVIDUAL DE TRABALHO

1. Rescisão por ato do empregador

1.1 Despedida arbitrária ou sem justa causa

A Constituição Federal instituiu como direito do trabalhador a relação de emprego protegida contra *despedida arbitrária* ou *sem justa causa*, nos termos de lei complementar, que preverá *indenização compensatória*, dentre outros direitos (art. 7º, I, da CF).

Mais adiante, o constituinte estabeleceu que, até a promulgação da lei complementar, essa proteção consistirá no pagamento ao empregado de uma *multa* em valor equivalente a 40% do que foi depositado pelo empregador no FGTS (art. 10 do ADCT). No caso de *empregado doméstico,* a multa constitucional é depositada antecipadamente pelo empregador.[1]

1. **Multa FGTS, doméstico.** O empregador deve recolher mensalmente 3,2% sobre a remuneração do trabalhador doméstico, como indenização contra eventual despedida arbitrária. O valor poderá ser levantado no final do contrato de trabalho (a) pelo trabalhador, no caso de

Ao empregar a expressão disjuntiva "despedida arbitrária *ou* sem justa causa" o legislador causou perplexidade e permitiu interpretações contraditórias. A doutrina aglutinou-se basicamente em torno de quatro posições. A primeira considera que os termos *despedida arbitrária* e *justa causa* são sinônimos. Assim, a multa de 40% seria devida sempre que não houvesse justa causa disciplinar a escorar uma demissão.

Outra corrente, pontificando que a lei não contém palavras inúteis, conclui que o termo *despedida arbitrária* tem conceito diverso de *justa causa*. *Justa causa* é a conduta expressamente prevista em lei que justifica a rescisão do contrato pelo empregador. Já *arbitrária* seria a despedida sem o atendimento de algum procedimento ou formalidade que a lei complementar imponha, quando for promulgada. Em torno do terceiro eixo reúnem-se alguns dos expoentes máximos do nosso Direito do Trabalho atual.

A lei não traz palavras inúteis, repetem. Portanto, justa causa e despedida arbitrária têm significados diferentes. A própria CLT encarrega-se de definir a *despedida arbitrária* como aquela "que não se funda em motivo disciplinar, técnico, econômico ou financeiro" (art. 165, que trata da estabilidade dos cipeiros).

Destarte, havendo *razão de ordem técnica, econômica ou financeira* a despedida estará livre do pagamento da multa de 40%, embora o empregado possa sacar o saldo do FGTS.

Não obstante a boa técnica de interpretação, a terceira corrente produz insegurança jurídica e reflexo prático perverso.

Qual o motivo técnico, econômico ou financeiro que justifica a despedida?

A simples antipatia do gerente com o subalterno pode ser considerada razão técnica relevante. Também pode ser tomado como bom motivo econômico a mera redução da folha de pagamentos. A oscilação dos juros bancários igualmente pode sustentar despedida por motivo financeiro.

Ou seja, a fórmula "motivo disciplinar, técnico, econômico ou financeiro" é por demais genérica e imprecisa. Justifica a despedida em praticamente todos os casos imagináveis. Nem se diga que o juiz interpretaria a lei caso a caso, pois aí estaríamos substituindo o arbítrio do empregador pelo arbítrio do juiz.

despedida sem justa causa ou por culpa do empregador; (b) pelo empregador, nas hipóteses de dispensa por justa causa ou a pedido, término do contrato de trabalho por prazo determinado, aposentadoria e falecimento do empregado doméstico, ou (c) por ambos, 50% para cada um, no caso de culpa recíproca (art. 22 da LC 150/2015).

Ora, não pode a interpretação conduzir a conclusões absurdas que afrontam o próprio espírito da lei. A CF deseja proteger o empregado da despedida imotivada, nunca incentivá-la.

Após esta breve análise, é possível introduzir a última posição da doutrina, que, na verdade, é uma síntese das outras três.

Arbitrário é o que não tem regras, o abusivo, que é caprichoso, despótico. *Despedida arbitrária* é, por definição, a despedida *sem justa causa*.

Como se verá logo adiante, o sistema de justa causa adotado pelo Brasil é o da estrita legalidade. Este sistema tem aversão a generalidades. As hipóteses de justa causa são taxativas, *numerus clausus*. Só é justa causa aquele comportamento expressamente previsto no texto da lei.

As *justas causas de ordem disciplinar* já estão previstas na Consolidação das Leis do Trabalho, no art. 482. Falta tipificar as *justas causas de ordem técnica, econômica e financeira*, tarefa para a qual a Constituição Federal chamou futura lei complementar (art. 7º, I, da CF).

Enquanto aquela não for promulgada não há justificativa legal para dispensa do empregado por motivo técnico, econômico ou financeiro. Mas é lícita a dispensa por *motivo disciplinar*, dentro do sistema de justa causa já existente.

Em resumo, ao empregar a conjunção "despedida arbitrária ou sem justa causa" o legislador pretendeu firmar o conceito de despedida imotivada, realçando que despedida arbitrária é aquela que não se acomoda com o sistema legal de justa causa.[2]

A lei complementar deverá tipificar as outras justas causas.

Até lá, a despedida que não se fundar em justa causa disciplinar estará sujeita ao pagamento da multa de 40% sobre os depósitos do FGTS.

Além da multa, na despedida sem justa causa o empregado terá direito a aviso prévio, 13º salário, férias vencidas, férias proporcionais e saldo de salários, podendo levantar o FGTS.

1.1.1 Empregados com estabilidade provisória

Alguns empregados não podem ser demitidos sem justa causa, porque a lei lhes atribui uma estabilidade provisória, pelo tempo em que perdura-

2. ***Súmula 443 do TST***: "*Dispensa discriminatória. Presunção. Empregado portador de doença grave. Estigma ou preconceito. Direito à reintegração*. Presume-se discriminatória a despedida de empregado portador do vírus HIV ou de outra doença grave que suscite estigma ou preconceito. Inválido o ato o empregado tem direito à reintegração no emprego".

rem determinadas condições. É o caso da empregada gestante (art. 10, II, "b", do ADCT), desde a confirmação da gravidez até o quinto mês após o parto; do diretor da CIPA, desde o registro da candidatura até um ano após o mandato (art. 10, II, "a", do ADCT); do suplente da CIPA (Súmula 339 do TST); do acidentado, pelo prazo de 12 meses, após a cessação do auxílio-doença (art. 118 da L 8.213/91);[3] e do *dirigente sindical*, a partir da candidatura, até um ano após o final do mandato (art. 543, § 3º, da CLT). Veja também o título "estabilidades temporárias", no Capítulo XII deste livro.

A estabilidade provisória da gestante vigora ainda que durante o prazo de aviso prévio (CLT, art. 391-A).

1.2 Dispensa indireta

O empregado poderá considerar *rescindido o contrato de trabalho* quando o *empregador* der *justa causa* para tanto. O art. 483 enumera sete atos do empregador que são considerados abusivos:

a) exigência de serviços superiores às forças do empregado, proibidos por lei, contrários aos bons costumes, ou alheios ao contrato;

b) rigor excessivo no tratamento do empregado;

c) exposição a perigo manifesto de mal considerável;

d) descumprimento pelo empregador das obrigações do contrato;

e) prática de ato lesivo à honra e boa fama do empregado ou de pessoa de sua família;

f) ofensas físicas, salvo em caso de legítima defesa;

g) redução do trabalho, sendo este por peça ou tarefa, de forma a afetar sensivelmente a importância dos salários.

Praticado o *ato abusivo* pelo empregador, dividem-se os doutos sobre a necessidade de o empregado deixar imediatamente o trabalho. Para a maior parte dos mestres é imperioso o *afastamento* incontinenti, sob pena de descaracterização da imediação e, consequentemente, da falta do empregador.

Entretanto, a outra corrente entende que pode o empregado optar pela permanência no emprego ou pelo afastamento imediato (TST, 1ª T., RR 6.334/84, Marco Aurélio, ac. 4.680/85). É que o afastamento poderá ser

3. A estabilidade provisória do acidentado após o auxílio-doença não se aplica ao empregado doméstico uma vez que o citado art. 118 refere-se a empresa. Verificar o conceito de empresa (art. 14, I) e o de empregador doméstico (art. 14, II) na L 8.213/91.

entendido como *abandono de emprego*, que é justa causa para despedida do empregado. Não seria razoável obrigar o empregado a tal risco.

Nos casos de *descumprimento do contrato* ou *diminuição do trabalho* (letras "d" e "g") a lei faculta expressamente ao empregado que aguarde trabalhando a solução da reclamação trabalhista.

Não há forma especial para o afastamento do empregado, nem se exige *notificação ao empregador*, embora essa seja conveniente para prova do ato. Como dificilmente o empregador admitirá sua culpa, deverá o empregado ingressar imediatamente com *reclamação trabalhista*, pedindo que seu contrato seja considerado rescindido por culpa do empregador.

Procedente a ação, terá o empregado direito ao *saldo de salários*, *aviso prévio*, *férias vencidas e proporcionais*, 13º *salário proporcional* e *multa de 40% sobre o FGTS*, podendo levantar os depósitos respectivos. *Improcedente*, terá direito unicamente ao *saldo de salários* e *férias vencidas*.

É devido aviso prévio na despedida indireta.

2. *Rescisão por ato do empregado*

2.1 *Despedida por justa causa*

O Brasil adota o princípio da *estrita legalidade* no sistema de *justa causa trabalhista*. Como no Direito Penal, não há justa causa sem prévia *previsão legal*. Só é justa causa aquela conduta expressamente prevista na lei, que é taxativa, *numerus clausus*. Não se admite em hipótese alguma a ampliação do elenco legal de faltas.

Alguns países da Europa adotam sistemas mais elásticos, empregando termos genéricos e porosos, em tipos abertos.[4] A legislação daqueles países deixa ao juiz a tarefa de verificar, caso a caso, a configuração da justa causa, segundo os costumes e os princípios gerais.

Sem qualquer sombra de dúvida, o sistema brasileiro é muito mais seguro e científico.

2.1.1 Requisitos para caracterização da justa causa

a) *Gravidade*: a justa causa deve ser grave o suficiente para afetar a relação de emprego. A pequena falha do empregado, despida de importância, não sustenta despedida por justa causa.

4. *Tipo aberto* é aquele em que a tipicidade somente pode ser avaliada com o auxílio de outro tipo (tipo de extensão) ou um critério de extensão.

b) *Proporcionalidade*: como se viu, a punição disciplinar deve corresponder à gravidade da falta. Para o defeito menor dispõe o empregador da advertência e até da suspensão, com prejuízo dos salários.

c) *Imediação*: toda punição disciplinar, seja ela advertência, suspensão ou dispensa por justa causa, deve ser imediata, logo após a ciência da falta pelo empregador, sob pena de ficar configurado o *perdão tácito*, que dissolve a justa causa. Se houver sindicância ou inquérito para apurar a autoria do fato, a sanção disciplinar deve ser aplicada logo após a solução daqueles procedimentos.

d) *Prévia tipificação legal*: a conduta deve estar prevista em lei anterior como justa causa. Não há pena sem prévia cominação legal (art. 55, XXXIX, da CF).

e) *Relação de causa e efeito*: a demissão deve ser uma resposta à falta cometida. Ou seja, o motivo determinante da dispensa deve ser ajusta causa cometida, não fatos anteriores.

f) *Não existência de punição anterior pelo mesmo fato*: as faltas já punidas anteriormente, com advertência ou suspensão, não podem ser objeto de despedida por justa causa (*non bis in idem*).

g) *Elemento subjetivo*: a falta, para configurar justa causa, deve ser cometida por ato voluntário do empregado.

Alguns autores exigem também que a conduta reprovável tenha *conexão com o serviço.* Sem razão entretanto, já que a prática de *jogos de azar* ou o *ato atentatório à segurança nacional* (art. 482, "l", e parágrafo único, da CLT) dificilmente guardarão qualquer relação com o serviço desenvolvido em uma empresa, embora constituam justa causa.

O ônus de provar a justa causa é sempre do empregador.

OS SETE REQUISITOS DA JUSTA CAUSA
- Gravidade
- Proporcionalidade
- Imediação
- Prévia tipificação
- Relação de causa e efeito
- Inexistência de punição pelo mesmo fato
- Elemento subjetivo

2.1.2 Hipóteses de justa causa

Nos termos do art. 482 da Consolidação das Leis do Trabalho, constituem justa causa para rescisão do contrato de trabalho pelo empregador:

a) *Ato de improbidade*: é a conduta desonesta do empregado, que atenta contra o patrimônio do empregador ou de terceiro. Exemplos: furto, roubo, recebimento de comissão de fornecedor, falsificação documental para recebimento de benefício trabalhista etc.

b) *Incontinência de conduta ou mau procedimento*: incontinência de conduta diz respeito a ato abusivo de cunho sexual, que atinge a moralidade do homem médio. É o assédio sexual, a pornografia, o ato libidinoso, a observação imunda. Mau procedimento é expressão imprecisa, que admite várias interpretações. Costuma ser definido como todo comportamento que ofende as normas gerais de conduta, da ética. Exemplos: desrespeito grave aos princípios básicos de higiene, consumo de entorpecentes durante o expediente, falta de urbanidade etc.

c) *Negociação habitual por conta própria ou alheia, sem permissão do empregador, e quando constituir ato de concorrência à empresa para a qual trabalha o empregado, ou for prejudicial ao serviço*: é a concorrência praticada pelo empregado contra o empregador. Para configuração da falta são necessárias a reiteração da conduta (*habitualidade*) e a ausência de permissão ou tolerância do empregador. Obviamente, não compreende o caso do empregado que tem dois empregos.

d) *Condenação criminal do empregado, passada em julgado, caso não tenha havido suspensão da execução da pena* (*"sursis"*): a imposição de pena antecipada ou a suspensão do processo, nos moldes da L 9.099/95, não bastam para caracterizar a justa causa.

e) *Desídia no desempenho das respectivas funções*: desídia é o desleixo, é a falta de zelo no serviço. Exemplos: faltas reiteradas e abandono do serviço durante o expediente.[5]

f) *Embriaguez habitual ou em serviço*: a embriaguez é a intoxicação pela ingestão de álcool ou qualquer substância de efeitos análogos, como os entorpecentes em geral. Não basta a ingestão habitual; é necessária a efetiva intoxicação habitual, com a exteriorização dos efeitos. A embriaguez no serviço não precisa ser habitual; basta uma vez.

g) *Violação de segredo da empresa*: é a divulgação de patente, método, fórmula ou qualquer outra informação, não acessível ao público, que possa causar prejuízo efetivo ou potencial para o empregador.

5. ***Incapacidade técnica não é justa causa.*** Incapacidade do trabalhador para o desempenho das tarefas não se confunde com nenhuma das hipóteses do art. 482 da CLT (TRT/SP, 4ª T., 0003105-79.2012.5.02.0067, rel. Des. Paulo Sérgio Jakutis, 25.2.2014).

h) *Ato de indisciplina ou de insubordinação*: ato de indisciplina é o não atendimento das normas e ordens gerais da empresa. Insubordinação é o desrespeito a ordem individual do superior hierárquico.

i) *Abandono de emprego*: é a ausência injustificada e continuada do empregado, com ânimo de não voltar ao emprego. Os julgados estipulam o prazo de 30 dias para caracterização do abandono, mas poderá configurar-se antes, se surgirem sinais claros da vontade de não retornar, como no caso do empregado que inicia o trabalho para novo empregador ou se muda definitivamente para o exterior.

j) *Ato lesivo da honra ou da boa fama praticado no serviço contra qualquer pessoa, ou ofensas físicas, nas mesmas condições, salvo em caso de legítima defesa, própria ou de outrem.*

k) *Ato lesivo da honra e boa fama ou ofensas físicas praticadas contra o empregador e superiores hierárquicos, salvo em caso de legítima defesa, própria ou de outrem.*

l) *Prática habitual de jogos de azar não autorizados pela legislação em vigor.*

m) *Atos atentatórios à segurança nacional, devidamente comprovados em inquérito administrativo.*

Outras hipóteses de justa causa: recusa injustificada do *ferroviário* de trabalhar em horário extraordinário, em caso de urgência ou acidente (art. 240, parágrafo único), recusa injustificada de obediência às *normas de segurança e medicina do trabalho* (art. 158).

O empregado que comete justa causa durante o aviso prévio perde o direito ao restante do prazo respectivo (art. 491).

Demitido por justa causa, o empregado receberá apenas o saldo de salários e as férias vencidas, se houver.

2.2 Pedido de demissão

Embora a rescisão do contrato de trabalho por decisão do empregado receba normalmente o nome de *pedido de demissão*, na realidade, nada tem de pedido. Trata-se de ato unilateral pelo qual o empregado comunica ao empregador que resolveu extinguir a relação de emprego. Como não se admite trabalho forçado, o empregador não pode indeferir ou rejeitar o "pedido".

O pedido de demissão enseja o pagamento do *saldo de salários*, *férias vencidas*, *férias proporcionais* (tendo mais de um ano de serviço) e *13º proporcional.* O empregado deve conceder um *aviso prévio* de 30 dias.

Caso contrário, o empregador terá direito de descontar o valor de um salário mensal das verbas rescisórias (art. 487, § 2º).

Em princípio, o empregador poderá dispensar o cumprimento do aviso, abrindo mão do direito de desconto. Entretanto, vem prevalecendo o entendimento de que essa dispensa somente pode ocorrer após pedido expresso do empregado e desde que haja prova de haver o trabalhador obtido novo emprego, já que o aviso prévio é seu direito irrenunciável.[6] Havendo qualquer tipo de *coação do empregador* para obter o pedido de dispensa, haverá nulidade e será devido o aviso prévio pelo empregador.

Praticando o empregado *justa causa* durante o aviso prévio, a rescisão passará a ser regulada pelas regras da rescisão por justa causa: o empregado perderá o restante do prazo do aviso e somente receberá o saldo de salários e as férias vencidas.

Entretanto, é parcialmente tolerado o *abandono de emprego* durante o *aviso prévio*. Reconhece-se o direito do empregado de iniciar imediatamente a prestação de serviços para outro empregador.[7]

A hipótese, que tecnicamente configura justa causa, confere ao antigo empregador apenas a possibilidade de descontar o valor correspondente ao saldo do prazo de aviso prévio, mantido o direito ao recebimento das demais verbas (TST, Súmula 73, em interpretação benéfica).

Também a *justa causa praticada pelo empregador* poderá ensejar ao empregado a *rescisão indireta*, com o recebimento de todas as verbas da *despedida arbitrária*.[8]

3. *Outras modalidades de extinção*

3.1 *Culpa recíproca*

Havendo *culpa recíproca*, com o concurso de justas causas do empregado e do empregador, será reduzido pela *metade* (20%) o valor da *multa indenizatória* sobre os depósitos do FGTS (art. 484).

6. Instrução Normativa SRT 15/2010, art. 15: "O direito ao aviso prévio é irrenunciável pelo empregado, salvo se houver comprovação de que ele obteve novo emprego".

7. É necessário distinguir o *abandono do trabalho durante o aviso prévio* das *faltas reiteradas durante aquele período*. O abandono é parcialmente admitido pela jurisprudência, que reconhece ao empregado o direito imediato a novo emprego. Mas a reiteração de faltas poderá configurar desídia, com reversão do motivo da rescisão (justa causa), além do desconto dos dias faltados e dos respectivos repousos semanais remunerados e da redução do período de férias a indenizar.

8. Ver, adiante, item 4, *Homologação e assistência ao empregado na rescisão*.

A hipótese é admitida pelos tribunais somente em casos especialíssimos, exigindo-se sempre que as duas faltas sejam suficientemente graves, equivalentes e contemporâneas. Exemplo anotado na literatura é o desentendimento entre empregado e empregador, com troca de insultos e bofetões.

"Reconhecida a culpa recíproca na rescisão do contrato de trabalho (art. 484 da CLT), o empregado tem direito a 50% (cinquenta por cento) do valor do aviso prévio, do décimo terceiro salário e das férias proporcionais" (Súmula 14 do TST, redação da Resol. 121/2003, *DJU* 19.11.2003). É permitido o *levantamento dos depósitos do FGTS* (L 8.036/90, art. 20, I).

3.2 Acordo

Admite-se a rescisão amigável do contrato de trabalho, por *acordo* entre as partes. Todas as verbas podem ser objeto de *transação*, com *exceção das férias vencidas e do saldo de salários*, que são irrenunciáveis.

O acordo não autoriza o levantamento dos *depósitos do FGTS* (art. 20 da L 8.036/90).

3.3 Aposentadoria[9]

Posição tradicional. Já foi pacífico que a aposentadoria é uma das causas de extinção do contrato de trabalho. A Lei 9.528/97, que acrescentou os §§ 1º e 2º ao art. 453 da CLT, exigia novo concurso público dos aposentados das empresas públicas e das sociedades de economia mista que desejassem continuar a trabalhar. Igualmente, impunha a extinção do contrato de trabalho para aquele que se aposentasse antes dos 35 anos de serviço.

Posição radical. No entanto, o STF, ao julgar inconstitucionais os §§ 1º e 2º do art. 453 da CLT, concluiu que o direito à aposentadoria deve conviver com o direito de continuar trabalhando e suspendeu a eficácia daqueles textos (ADIs 1.721-3 e 1.770-4). Em função disso, vem ganhando terreno o entendimento de que nenhuma aposentadoria tem mais o condão de extinguir o contrato de trabalho (Orientação Jurisprudencial 361 do TST).[10]

9. **Desaposentação.** Ato voluntário de desfazimento da aposentadoria, pelo titular, com o objetivo de aproveitar o tempo de filiação para concessão de nova e mais vantajosa aposentadoria. É discutível sua possibilidade em face da proibição de reversão contida no Decreto 3.048/99.

10. TST, OJ 361. *Aposentadoria espontânea. Unicidade do contrato de trabalho. Multa de 40% do FGTS sobre todo o período* (*DJU* 20, 21 e 23.5.2008). A aposentadoria espontânea não é causa de extinção do contrato de trabalho se o empregado permanece prestando serviços

Posição restritiva. Uma terceira posição entende que somente a aposentadoria do empregado do setor público continua a extinguir o contrato de trabalho, em função do disposto no art. 37, II (exigência de concurso público para investidura), XVI e XVII (proibição de cumulação remunerada de cargos, empregos e funções públicas) da CF.

Nossa posição. Como o texto do *caput* do art. 453 da CLT manteve-se íntegro e como, no regime de separação de Poderes, a pontual invasão das atribuições legislativas pelo STF deve ser interpretada sempre restritivamente, entendemos que a aposentadoria continua a extinguir o contrato de trabalho. Ou, como diz o art. 453, *caput,* no tempo de serviço do empregado *readmitido*, não é computado o período anterior daquele que tiver se aposentado espontaneamente.

O aposentado terá direito a *férias vencidas*, *férias proporcionais* e *saldo de salários.* É autorizado o levantamento dos *depósitos do FGTS* (art. 20, II, da L 8.036/90).

3.4 Morte do empregado

A ordem da *vocação hereditária*, tratando-se de *direitos trabalhistas já adquiridos*, é algo diversa[11] daquela estipulada pelo Código Civil. Em

ao empregador após a jubilação. Assim, por ocasião da sua dispensa imotivada, o empregado tem direito à multa de 40% do FGTS sobre a totalidade dos depósitos efetuados no curso do pacto laboral.

11. L 6.858/80:

"Art. 1º. Os valores devidos pelos empregadores aos empregados e os montantes das contas individuais do Fundo de Garantia do Tempo de Serviço e do Fundo de Participação PIS/PASEP, não recebidos em vida pelos respectivos titulares, serão pagos, em quotas iguais, aos dependentes habilitados perante a Previdência Social ou na forma da legislação específica dos servidores civis e militares, e, na sua falta, aos sucessores previstos na lei civil, indicados em alvará judicial, independentemente de inventário ou arrolamento.

"§ 1º. As quotas atribuídas a menores ficarão depositadas em caderneta de poupança, rendendo juros e correção monetária, e só serão disponíveis após o menor completar 18 (dezoito) anos, salvo autorização do juiz para aquisição de imóvel destinado à residência do menor e de sua família ou para dispêndio necessário à subsistência e educação do menor.

"§ 2º. Inexistindo dependentes ou sucessores, os valores de que trata este artigo reverterão em favor, respectivamente, do Fundo de Previdência e Assistência Social, do Fundo de Garantia do Tempo de Serviço ou do Fundo de Participação PIS/PASEP, conforme se tratar de quantias devidas pelo empregador ou de contas de FGTS e do Fundo PIS/PASEP.

"Art. 2º. O disposto nesta Lei se aplica às restituições relativas ao imposto de renda e outros tributos, recolhidos por pessoa física, e, não existindo outros bens sujeitos a inventário, aos saldos bancários e de contas de cadernetas de poupança e fundos de investimento de valor até 500 (quinhentas) Obrigações do Tesouro Nacional.

"Parágrafo único. Na hipótese de inexistirem dependentes ou sucessores do titular, os valores referidos neste artigo reverterão em favor do Fundo de Previdência e Assistência Social."

primeiro lugar recebem os *dependentes habilitados* perante a Previdência Social, em cotas iguais. Na falta de dependentes habilitados, recebem os *sucessores nos termos da lei civil*,[12] até os colaterais.[13] Não havendo dependentes ou sucessores, os valores reverterão a favor do *Fundo de Previdência e Assistência Social*, do *FGTS* ou do *Fundo de Participação PIS/PASEP*, conforme a natureza do crédito.

São exigíveis as *férias proporcionais*, as *férias vencidas*, o *saldo de salários* e o *13º proporcional.* É autorizado o levantamento das *contas do FGTS* (art. 20, IV, da L 8.036/90) e do *PIS / PASEP.*

Tais valores são pagos mediante *alvará judicial*, independentemente de inventário ou arrolamento.

Em resumo:

ORDEM SUCESSÓRIA
EM MATÉRIA DE CRÉDITOS TRABALHISTAS

1. Dependentes habilitados, em cotas iguais
2. Sucessores, nos termos da lei civil, excluídos os entes estatais
3. Fundos sociais (Previdência, FGTS, PIS/PASEP)

3.5 Morte do empregador

No caso de *morte do empregador* constituído em *empresa individual* é facultado ao empregado rescindir o contrato de trabalho, independentemente de prestar aviso prévio (art. 483, § 2º).

São devidos o *saldo de salários*, as *férias proporcionais* (se tiver mais de um ano de casa), *férias vencidas* e *13º proporcional.* É autorizado o levantamento dos *depósitos do FGTS.*

12. **Ordem da vocação hereditária**. CC, art. 1.829: "A sucessão legítima defere-se na ordem seguinte: I – aos descendentes, em concorrência com o cônjuge sobrevivente, salvo se casado este com o falecido no regime da comunhão universal, ou no da separação obrigatória de bens (art. 1.640, parágrafo único); ou se, no regime da comunhão parcial, o autor da herança não houver deixado bens particulares; II – aos ascendentes, em concorrência com o cônjuge; III – ao cônjuge sobrevivente; IV – aos colaterais".

13. Municípios, Distrito Federal e União são afastados da vocação hereditária em matéria trabalhista, já que a L 6.858/80 coloca em último lugar da ordem os fundos sociais. Os fundos invariavelmente seriam afastados de toda sucessão se permanecessem na ordem Municípios, Distrito Federal e União. Portanto, a conclusão lógica é que tais entes foram alijados, em benefício dos fundos sociais.

3.6 Extinção da empresa

Encerrada a empresa ou *fechada uma de suas filiais*, o empregado tem direito a *todas as verbas trabalhistas*, inclusive a *multa do FGTS*, já que não contribuiu para a extinção do contrato de trabalho. É autorizado o levantamento dos *depósitos do FGTS* (art. 20, II, da L 8.036/90).

A *falência*, por si só, não rescinde o contrato de trabalho, que poderá continuar vigorando, se for conveniente para a massa. Os créditos trabalhistas recebem em primeiro lugar. Se o crédito for *ilíquido* será necessária prévia *reclamação trabalhista*, cuja sentença, após o trânsito em julgado, servirá de *título executivo* no juízo universal da quebra.

3.7 Caso fortuito ou força maior

Extinta a empresa ou um dos seus estabelecimentos por motivo de *caso fortuito* (fato imprevisível) ou *força maior* (fato previsível, mas inevitável), terá o empregado direito à metade da indenização devida no *contrato a prazo certo*, ou metade (20%) da multa do FGTS (art. 502, II) no *contrato por prazo indeterminado.* São devidas todas as demais verbas trabalhistas (*saldo de salários*, *férias vencidas e proporcionais*, *13º salário proporcional* e *aviso prévio*). É autorizado o levantamento do *FGTS* (art. 20, I, da L 8.036/90).

O *fechamento* da empresa ou da filial ou a *falência* não caracterizam, em princípio, força maior, já que incumbem ao empresário os riscos da atividade econômica que explora.

3.8 Contrato por prazo certo

3.8.1 Extinção pela ocorrência do termo final

Esgotado o *contrato de trabalho por prazo determinado*, tem o empregado o direito de receber o *saldo de salários*, *férias vencidas e proporcionais* e *13º salário proporcional.* Está autorizado o levantamento do *FGTS*, inclusive para os *temporários* (art. 20, IX, da L 8.036/90).

3.8.2 Extinção por ato do empregador, antes do termo final

É devida ao empregado *indenização* equivalente aos salários da metade do período restante. Está autorizado o levantamento do *FGTS.* Há entendimento no sentido de que o saldo do FGTS pode ser descontado para abatimento do pagamento da indenização acima referida. O empregado deve receber *saldo de salários*, *férias vencidas e proporcionais* e *13º salário proporcional*. Não há *aviso prévio*. Como a dispensa é *imotivada*, incide a *multa* de 40% sobre os depósitos do *FGTS*.

3.8.3 Extinção antecipada por justa causa do empregado

São devidos apenas o *saldo de salários* e as *férias vencidas*. O empregado pode ser obrigado a indenizar os *prejuízos do empregador* (art. 480).

3.8.4 Extinção antecipada por vontade do empregado

São devidos o *saldo de salários*, as *férias vencidas e proporcionais* (se tiver mais de um ano de casa) e *13º salário proporcional*. O empregado pode ser obrigado a indenizar os *prejuízos do empregador* (art. 480).

4. Homologação e assistência ao empregado na rescisão

O pedido de *demissão* e o *recibo de quitação* de rescisão do contrato de trabalho firmado por empregado com mais de um ano de serviço[14] só terão validade quando contar com a assistência do respectivo *sindicato* e, na falta, em sucessão, da autoridade do Ministério do Trabalho, do promotor de justiça da comarca, do defensor público e do juiz de paz (art. 477, §§ 1º e 3º).

As parcelas constantes da *quitação regularmente homologada* têm *valor liberatório*, ou seja, é vedada a discussão judicial das verbas ali constantes, exceto se houver *ressalva* expressa específica no *termo de homologação* (TST, Súmula 330, com o texto revisto em 18.2.1994).

Mas o assistente não poderá impedir ou obstar a homologação se houver concordância do empregado, cabendo-lhe deixar consignadas as devidas ressalvas (Instrução Normativa SRT 15/2010, art. 10, § 3º).

Tratando-se de *menor* ou *analfabeto* o pagamento somente poderá ser feito *em dinheiro*.

O *pagamento* das parcelas constantes do instrumento de rescisão ou recibo deverá ser efetuado até o primeiro dia útil imediato ao término do contrato, quando o aviso prévio tiver sido cumprido em serviço, ou até o décimo dia subsequente à data da comunicação da demissão, no caso de ausência do aviso prévio, indenização deste ou dispensa de seu cumprimento (art. 477, § 6º). O pagamento fora destes prazos sujeitará o empre-

14. Tendo o empregado menos de um ano de casa, basta o *recibo*.

gador ao pagamento de uma *multa administrativa* e de uma *multa a favor do empregado* em valor equivalente ao seu salário, devidamente corrigido (art. 477, § 8º).[15]

5. *Seguro-desemprego*

A cada período aquisitivo de 16 meses, o desempregado tem direito ao seguro-desemprego, consistente no pagamento de 3 a 5 parcelas mensais.[16]

Se a média for de até 300 BTNs, o benefício será equivalente a 80% do salário. Se a média atingir 500 BTNs, o beneficio será 50% do salário. Acima deste patamar, o valor será fixo, igual a 340 BTNs. O benefício nunca poderá ser inferior ao salário-mínimo.[17]

15. "A Massa Falida não se sujeita à penalidade do art. 467 e nem à multa do § 8º do art. 477, ambos da CLT" (Súmula 388 do TST).

16. **Tabela de parcelas, seguro-desemprego**. O número de parcelas e os requisitos para recebimento variam conforme as solicitações já realizadas e os meses trabalhados nos últimos 36 meses.

• primeira solicitação: **(a)** 4 parcelas – vínculo empregatício de 12 a 23 meses, **(b)** 5 parcelas – vínculo empregatício de 24 meses ou mais.

• segunda solicitação: **(a)** 3 parcelas – vínculo empregatício de 9 a 11 meses, **(b)** 4 parcelas – vínculo empregatício de 12 a 23 meses **(c)** 5 parcelas – vínculo empregatício de 24 meses ou mais.

• a partir da terceira solicitação: **(a)** 3 parcelas – vínculo empregatício de 6 a 11 meses, **(b)** 4 parcelas – vínculo empregatício de 12 a 23 meses, **(c)** 5 parcelas – vínculo empregatício de 24 ou mais meses (art. 4º, § 2º, da L 7.998/90).

Notas:

1) A cada solicitação, as exigências para recebimento são maiores. Assim, tem direito ao seguro-desemprego o trabalhador dispensado sem justa causa que comprove na primeira solicitação ter trabalhado pelo menos 12 meses nos últimos 18. Na segunda solicitação, é preciso ter trabalhado 9 meses nos últimos 12. Nas demais solicitações, é necessário ter trabalhado todos os 6 meses imediatamente anteriores à demissão (art. 3º da L 7.998/90).

2) A fração igual ou superior a 15 dias de trabalho será havida como mês integral.

3) É vedado o cômputo de vínculos empregatícios utilizados em períodos aquisitivos anteriores.

4) Os outros requisitos são: (a) não estar em gozo de qualquer benefício previdenciário de prestação, exceto auxílio-acidente, auxílio suplementar previsto e abono de permanência em serviço; (b) não estar em gozo do auxílio-desemprego; (c) não ter renda própria suficiente à sua manutenção e de sua família; (d) estar matriculado e frequentando, quando cabível, curso de formação inicial e continuada ou de qualificação profissional, ou em vagas gratuitas na rede de educação profissional e tecnológica.

17. O cálculo pode ser feito de acordo com a Resolução CODEFAT 658, de 30.12.2010: "Art. 1º. A partir de 1º de janeiro de 2011, o valor do benefício do Seguro-Desemprego terá como base de cálculo a aplicação do percentual de 5,8824%. Parágrafo único. Para cálculo do valor do benefício do Seguro-Desemprego, segundo as faixas salariais a que se refere o

O pagamento será suspenso na admissão do trabalhador em novo emprego ou no início de percepção de benefício de prestação continuada da Previdência Social, exceto o auxílio-acidente, o auxílio suplementar e o abono de permanência em serviço, no início de percepção de auxílio-desemprego e na recusa injustificada por parte do trabalhador desempregado em participar de ações de recolocação de emprego.

O benefício será cancelado pela recusa de outro emprego condizente com sua qualificação e remuneração anterior, por comprovação de falsidade ou fraude visando à percepção indevida do benefício ou pela morte do segurado.

Verificada a recusa de novo emprego, falsidade ou fraude é aplicada uma pena administrativa, com a suspensão por 2 anos do direito de receber o seguro-desemprego. O prazo é dobrado em caso de reincidência.

A L 10.208/2001 estendeu o seguro-desemprego aos empregados domésticos inscritos no FGTS que forem despedidos sem justa causa, pelo prazo máximo de 3 meses, contínuos ou alternados, a cada período aquisitivo de 16 meses, contados da última data de dispensa que deu origem ao seguro desemprego (Res. 754/2015 CODEFAT). A inscrição no FGTS é faculdade do empregador. Para o doméstico, o seguro tem o valor de um salário mínimo, pelo prazo máximo de três meses, contínuos ou alternados.

6. *Calcule fácil: verbas rescisórias*

Anotações para o cálculo trabalhista

artigo 5º, da Lei n. 7.998/1990, e observando o estabelecido no § 2º do mencionado artigo, serão aplicados os seguintes critérios: I – Para a média salarial até R$ 891,40, obtida por meio da soma dos 3 últimos salários anteriores à dispensa, o valor da parcela será o resultado da aplicação do fator 0,8 (oito décimos); II – Para a média salarial compreendida entre R$ 891,41 e R$ 1.485,83, aplicar-se-á o fator 0,8 (oito décimos) até o limite do inciso anterior e, no que exceder, o fator 0,5 (cinco décimos). O valor da parcela será a soma desses dois valores; III – Para a média salarial superior a R$ 1.485,83, o valor da parcela será, invariavelmente, R$ 1.010,34."

6.1 *Tabela das verbas rescisórias*

	Saldo de salário	Férias proporc.	Férias vencidas	Aviso recebe	Aviso concede	Multa 40%	Multa 20%	Levanta FGTS	13º salário	Recebe indenização
Despedida sem justa causa	☺	☺	☺	☺		☺		☺	☺	
Dispensa indireta	☺	☺	☺	☺		☺		☺	☺	
Despedida com justa causa	☺		☺							
Pedido de demissão	☺	☺	☺		☺				☺	
Culpa recíproca	☺	50%	☺	50%			☺	☺	50%	
Acordo	☺	☺	☺	**?**	**?**	?			?	
Aposentadoria	☺	☺	☺					☺	☺	
Morte do empregado	☺	☺	☺					☺	☺	
Morte do empregador	☺	☺	☺					☺	☺	
Extinção da empresa	☺	☺	☺	☺		☺		☺	☺	
Força maior	☺	☺	☺	☺			☺	☺	☺	
Prazo certo Termo final	☺	☺	☺					☺	☺	
Prazo certo Ato do empregador	☺	☺	☺			☺		☺	☺	☺
Prazo certo Pedido de demissão	☺	☺	☺						☹	**Indeniza**
Prazo certo Justa causa	☺		☺							

☺ = Recebe

- Calcule sempre 1/12 a mais nas ferias e no 13º salário quando houver aviso prévio, que integra o contrato para todos os efeitos, mesmo quando for indenizado
- Trabalhador doméstico não recebe ferias proporcionais nem multa. Não há depósito no FGTS. O período de férias é de 20 dias úteis (art. 3º da L 5.859/72)

6.2 Tabela dos recolhimentos

	INSS[18]	FGTS	IRRF
Adicionais (periculosidade, insalubridade, noturno, função etc.)	☹	☹	☹
Ajuda de custo não salarial, de cunho indenizatório			
Autônomo inscrito no INSS	☹	☹	
Auxílio-doença e auxílio-acidente (primeiros 15 dias)	☹	☹	☹
Aviso prévio indenizado	☹[19]		☹
Aviso prévio trabalhado	☹	☹	☹
13º salário – na primeira parcela		☹	
13º salário – na segunda parcela (INSS e IR sobre o total)	☹	☹	☹
Férias comuns	☹	☹	☹
Férias em dobro, durante o contrato	☹	☹	☹
Férias – abono pecuniário (conversão de até 1/3 – art. 143 CLT)	☹		
Férias indenizadas (simples, em dobro ou proporcionais) - vj. súmula 386 STJ	☹		
Participação nos lucros não remuneratória (art. 7º, XI, CF)	☹		☹
Retiradas – diretor não empregado e titular de firma individual	☹	⇔	☹
Retiradas – diretor empregado	☹	☹	☹
Salário e verbas de cunho salarial (abonos, prêmios, comissões, diárias de mais de 50% do salário, gorjetas, gratificações, horas extras)	☹	☹	☹
Salário-maternidade	☹	☹	☹
Salário-família			

☹ = Recolhimento obrigatório ⇔ = Recolhimento opcional (art. 1º L 6.919/81)

18. **Comunicação aos empregados.** A empresa está obrigada a comunicar mensalmente aos empregados os valores recolhidos sobre o total de sua remuneração ao INSS. Por sua vez, o INSS está obrigado a enviar o extrato dos recolhimentos quando solicitado pela empresa ou segurado (arts. 32, VI, e 80, I, da L 8.212/91).

19. **INSS, incide ou não?** Com a revogação do art. 214, § 9º, V, "f", do Regulamento da Previdência Social (D 3.048/99), que isentava o aviso prévio indenizado da contribuição ao INSS, a Receita Federal passou a exigir o recolhimento. Não obstante, tem prevalecido nos

tribunais a tese da manutenção da isenção: "Não incide contribuição previdenciária sobre os valores pagos a título de aviso prévio indenizado, por não se tratar de verba salarial" (STJ, REsp 1.198.964-PR, rel. Min. Mauro Campbell Marques, j. 2.9.2010, *DJe* 4.10.2010).

Capítulo XI

AVISO PRÉVIO

1. Noção. 2. Aviso prévio proporcional. 3. Não concessão do aviso – Aviso prévio indenizado. 4. Direito de retenção e ação judicial. 5. Redução da jornada. 6. Arrependimento. 7. Justa causa durante o aviso prévio. 8. Estabilidade provisória e aviso prévio. 9. Doença e acidente durante o aviso prévio. 10. Aviso prévio e indenização adicional (art. 9º).

1. Noção

Aviso prévio é o ato jurídico informal pelo qual quem quer rescindir o contrato de trabalho por prazo indeterminado comunica tal fato à parte inocente e concede-lhe um prazo mínimo de 30 dias, sob pena de ser obrigado a pagar a remuneração correspondente àquele período.

O instituto do aviso prévio pressupõe *contrato por prazo indeterminado*[1] e *inexistência de justa causa* do empregado.

É devido o aviso prévio na *despedida indireta.* Na culpa recíproca, o empregado tem direito a 50% do aviso prévio (Súmula 14 do TST).

O *prazo* do aviso prévio integra o contrato de trabalho para todos os efeitos. Na contagem do prazo exclui-se o dia do começo e inclui-se o do vencimento (Súmula 380 do TST).

2. Aviso prévio proporcional

O aviso prévio mínimo é de 30 dias e se aplica aos empregados com até um ano de serviço ininterrupto na mesma empresa. Após um ano, acrescentam-se 3 dias para cada ano de serviço prestado na mesma empresa, até o limite de vinte acréscimos (60 dias). Isto significa que o aviso

1. Cabe aviso prévio nas rescisões antecipadas dos contratos por *prazo determinado* se for inserida a cláusula irregular de *direito recíproco de rescisão antecipada*, na forma do art. 481 da CLT. Neste sentido a Súmula 163 do TST, que trata dos *contratos de experiência.*

prévio total máximo concedido ao empregado é de 90 dias,[2] mas o acordo ou convenção coletiva pode fixar prazo ainda maior.

O empregado com mais de um ano de serviço ininterrupto (um ano e um dia, por exemplo) já faz jus ao acréscimo de 3 dias referente ao primeiro ano.[3]

Tempo de serviço	Dias de aviso proporcional	Tempo de serviço	Dias de aviso proporcional	Tempo de serviço	Dias de aviso proporcional
0	30	7	51	14	72
1	33	8	54	15	75
2	36	9	57	16	78
3	39	10	60	17	81
4	42	11	63	18	84
5	45	12	66	19	87
6	48	13	69	20	90

Conforme tabela constante da Nota Técnica 184/2012, da CGRT/SRT/MTE.

O empregado doméstico goza do aviso prévio proporcional nos mesmos moldes que o trabalhador comum.[4]

É bom assentar que o aviso prévio proporcional beneficia apenas o empregado, não o empregador, cujo aviso prévio concedido pelo empregado é de apenas de 30 dias.

3. *Não concessão do aviso – Aviso prévio indenizado*

Se o *empregador* deixa de conceder o aviso prévio, deverá pagar *indenização* correspondente à remuneração daqueles 30 dias. É o *aviso prévio indenizado*, que também integra o tempo de serviço para todos os efei-

2. L 12.506/2011, "Art. 1º. O aviso prévio, de que trata o Capítulo VI do Título IV da Consolidação das Leis do Trabalho-CLT, aprovada pelo Decreto-lei n. 5.452, de 1º de maio de 1943, será concedido na proporção de 30 dias aos empregados que contem até 1 ano de serviço na mesma empresa. Parágrafo único. Ao aviso prévio previsto neste artigo serão acrescidos 3 (três) dias por ano de serviço prestado na mesma empresa, até o máximo de 60 dias, perfazendo um total de até 90 dias".

3. Neste sentido é a orientação da Nota Técnica 184/2012 da Coordenadoria-Geral de Relações do Trabalho, da Secretaria de Relações do Trabalho, do Ministério do Trabalho e Emprego-CGRT/SRT/MTE. V, tb.: "*Recurso de Revista – Aviso prévio proporcional – Contagem.* A Lei n. 12.506/2011, ao instituir o aviso prévio proporcional ao tempo de serviço do empregado, fixou a proporcionalidade como direito dos empregados, a partir de um ano completo de serviço, à base de três dias por ano de serviço prestado na mesma entidade empregadora até o máximo de 60 dias de proporcionalidade, perfazendo um total de 90 dias. Inexiste previsão legal para a exclusão do primeiro ano de serviço, para o cômputo do aviso prévio proporcional. (...)" (TST, 8ª T., RR-647-85.2012.5.03.0027, rel. Des. conv. João Pedro Silvestrin. 18.12.2013).

4. Art. 23, §§ 1º e 2º da LC 150/2015.

tos, inclusive para cálculo de 1/12 a mais nas férias e no 13º salário. Neste caso, as verbas rescisórias devem ser pagas até o décimo dia,[5] contado da notificação da demissão (art. 477, § 6º, "b").

Se, ao contrário, o *empregado* não concede aviso prévio, o empregador tem direito de descontar das verbas rescisórias os salários correspondentes ao tempo de trabalho sonegado.[6]

E, aqui, é necessária uma pausa.

A letra da lei parece indicar que o aviso prévio também é um *direito do empregador*, tanto que pode reter salários na sua omissão.

Na prática, é comum o empregador dispensar o empregado demissionário do cumprimento do aviso prévio, geralmente a pedido do próprio empregado.

Nesta hipótese, estaria o empregador abrindo mão do direito disponível que lhe é facultado pela legislação (direito de receber o aviso prévio ou reter o salário correspondente).

Mas, atenção, não é assim a posição da doutrina majoritária e da jurisprudência que está se impondo. Para o entendimento predominante o aviso prévio é um *direito de ordem pública irrenunciável*, instituído na defesa do empregado.

Desta maneira, mesmo que o empregado demissionário solicite a dispensa e o empregador concorde, os salários correspondentes continuam a ser devidos, salvo comprovação de haver o empregado obtido novo emprego.[7]

O valor das horas extras habituais integra o aviso prévio indenizado.

4. Direito de retenção e ação judicial

Determina a lei que o *direito de retenção* ou *compensação*[8] de salários pelo empregador somente pode ser arguido na Justiça do Trabalho

5. A jurisprudência não tem admitido o chamado *aviso prévio para cumprir em casa.* Se empregado é dispensado do trabalho, trata-se de aviso prévio indenizado, que deve ser pago no máximo até o décimo dia contado da notificação de despedida (Orientação Jurisprudencial 14 do TST SDI I).

6. Há entendimento no sentido de que o desconto somente pode incidir sobre os salários, e não sobre as demais verbas rescisórias. A posição não se justifica, porque é justamente o salário a verba impenhorável. Se pode o empregador descontar do salário, por qual motivo não poderia descontar de outras verbas não protegidas pela lei?

7. "O direito ao aviso prévio é irrenunciável pelo empregado. O pedido de dispensa de cumprimento não exime o empregador de pagar o valor respectivo, salvo comprovação de haver o prestador dos serviços obtido novo emprego" (Súmula 276 do TST).

8. TST, Súmula 18: "A compensação, na Justiça do Trabalho, está adstrita a dívidas de natureza trabalhista".

como matéria de defesa (art. 767). À primeira vista, isto poderia significar que o empregador não teria ação para se ressarcir da falta de aviso quando não houvesse verbas rescisórias a pagar.

A disposição contida no art. 767, tida como inconstitucional,[9] na verdade, indica apenas que o empregador poderá reclamar seu crédito referente ao direito de retenção na Justiça Cível[10] Comum, se não o fizer como defesa na Justiça do Trabalho.

5. *Redução da jornada*

Se a demissão tiver sido promovida pelo empregador a *jornada de trabalho* será *reduzida* durante o aviso prévio,[11] para a procura de novo emprego, sem prejuízo da remuneração normal. Pode o empregado escolher entre diminuir a jornada diária em duas horas ou folgar por sete dias seguidos.[12-13] Se o empregado não fizer sua opção, caberá ao empregador determinar qual será a forma de redução.

Durante o aviso não é possível a exigência de *horas extras*. Também não se admite que as *horas reduzidas* sejam trabalhadas, mesmo que o empregador remunere de forma especial.[14] Se não houver a real redução de jornada o aviso prévio será nulo e outro período deverá ser concedido.

6. *Arrependimento*

A rescisão torna-se efetiva somente após expirado o prazo do aviso.

Por isso, durante o prazo do aviso prévio permite-se o *acordo* e a *reconciliação* das partes, restabelecendo o contrato de trabalho. A *reconsideração* da demissão e sua aceitação podem ter forma expressa (declarada) ou tácita (subentendida). Será tácita a reconsideração quando a prestação do serviço continuar após o prazo, sem oposição.

9. Assim, Valetin Carrion, já que a lei não excluirá da apreciação do Poder Judiciário lesão ou ameaça a direito (art. 5º, XXXV, da CF).

10. Assim, Mozart Víctor Russomano.

11. Não cabe a *redução da jornada* se o aviso for concedido pelo empregado.

12. "Durante o prazo do aviso prévio, se a rescisão tiver sido promovida pelo empregador, o empregado rural terá direito a um dia por semana, sem prejuízo do salário integral, para procurar outro trabalho" (art. 15 da L 5.889/73).

13. Se a jornada normal for inferior a oito horas diárias a redução será proporcional. Assim, na jornada de quatro horas a redução será em uma hora (metade).

14. "É ilegal substituir o período que se reduz da jornada de trabalho, no aviso prévio, pelo pagamento das horas correspondentes" (Súmula 230 do TST).

7. *Justa causa durante o aviso prévio*

Se o *empregador* praticar *ato de rescisão indireta*, provocando a ruptura imediata da prestação de serviços, durante o aviso dado ao empregado, ficará obrigado a pagar a remuneração correspondente à integralidade do prazo (art. 490).

Ao reverso, se o *empregado* cometer *justa causa* durante o aviso, perderá o direito ao resto do prazo (art. 491) e ao pagamento de qualquer indenização.[15] Mas é reconhecido ao empregado o direito de iniciar imediatamente a prestação de serviços para o novo empregador.

Assim, o *abandono de emprego* não é considerado justa causa durante o aviso prévio.

Nesta sistemática, o abandono de emprego atinge apenas a remuneração dos dias não trabalhados.

Não se pode confundir o abandono de emprego, tolerado pelos tribunais durante o aviso prévio, com a *desídia* maliciosa do empregado que durante o prazo do aviso torna-se relapso, com faltas reiteradas.

A desídia durante o aviso prévio caracteriza *justa causa.*

8. *Estabilidade provisória e aviso prévio*

Incidindo causa de *estabilidade provisória* durante o aviso prévio (gravidez, eleição para CIPA etc.), o empregado adquire normalmente aquela estabilidade, pois o prazo do aviso prévio integra o contrato de trabalho para todos os efeitos (art. 489).

Mas não se admite a concessão de aviso prévio que coincida com o período de estabilidade.[16]

9. *Doença e acidente durante o aviso prévio*

Ainda não há lei, nem foi editada súmula, que resolva adequadamente a questão do empregado acometido por *doença* durante o prazo do aviso prévio.

15. Súmula 73 do TST: "Falta grave. A ocorrência de justa causa, salvo a de abandono de emprego, no decurso do prazo do aviso prévio dado pelo empregador, retira do empregado qualquer direito às verbas rescisórias de natureza indenizatória" (redação da Resol. 121/2003, *DJU* 19.11.2003).

16. "É inválida a concessão do aviso prévio na fluência da garantia de emprego, ante a incompatibilidade dos dois institutos" (Súmula 348 do TST).

A dúvida não existe em relação ao *acidentado*, porque o art. 118 da L 8.213/91 lhe confere *estabilidade provisória.*

A maioria dos mestres advoga para o *afastado por doença* uma solução semelhante à do acidentado. A doença interromperia o prazo do aviso prévio até o restabelecimento do empregado. Justifica-se esta posição pelo fato de o aviso prévio ter como escopo a concessão de tempo para a procura de novo emprego, sendo certo que a busca fica prejudicada durante o período de doença.

Para outro entendimento a doença durante o aviso prévio apenas obriga o empregador ao pagamento dos salários pelos primeiros 15 dias de afastamento. Isso se o termo final do aviso não ocorrer antes, extinguindo o contrato de trabalho e a responsabilidade do empregador.

De qualquer forma, durante o afastamento por doença o contrato é interrompido e, depois de 15 dias, suspenso, sendo nula a notificação do aviso prévio efetuada naquele período.

10. Aviso prévio e indenização adicional (art. 9º)

O empregado dispensado, sem justa causa, no período de 30 dias que antecede a data de sua *correção salarial* terá direito à *indenização adicional* equivalente a um salário mensal (art. 9º da L 7.238/84).

Como o prazo de aviso prévio integra o contrato de trabalho, será computado o período para verificar a ocorrência da *despedida obstativa*, 30 dias antes da data-base da categoria. Também é considerado para este efeito o prazo do *aviso prévio indenizado.*[17]

O reajustamento salarial coletivo, determinado no curso do aviso prévio, beneficia o empregado pré-avisado da despedida, mesmo que tenha recebido antecipadamente os salários correspondentes ao período do aviso, que integra seu tempo de serviço para todos os efeitos legais.

17. "O tempo do aviso prévio, mesmo indenizado, conta-se para efeito da indenização adicional do art. 9º da Lei n. 6.708/79" (Súmula 182 do TST).

Capítulo XII

ESTABILIDADE E FUNDO DE GARANTIA

1. Estabilidades

1.1 Estabilidade geral

A Constituição Federal de 1988 extinguiu esse regime de estabilidade ao instituir o *Fundo de Garantia do Tempo de Serviço* como direito geral de todos[1] os trabalhadores (art. 7º, III, da CF).

Mas, antes disto, as conveniências do mercado de trabalho já haviam extinguido, na prática, o sistema de *estabilidade geral*, como se verá mais adiante.

Assim, o estudo da estabilidade tem importância apenas teórica, pois dificilmente se encontrará ainda em atividade um empregado estável, no exercício do direito adquirido.

Até 1967 havia o sistema único da *estabilidade*: o empregado que contasse com mais de 10 anos de serviço na mesma empresa não poderia ser despedido sem a caracterização de *falta grave*[2] ou motivo de *força maior* (art. 492), devidamente provados.

Ocorrendo a falta grave o empregado poderia ser suspenso de suas funções, mas a despedida somente se tornaria efetiva após regular *inquérito judicial*, conforme procedimento prescrito nos arts. 853 e ss. Inexistente

1. **Trabalhador doméstico, FGTS.** A participação do trabalhador doméstico no FGTS está regulada no art. 21 da LC 150/2015.

2. *Falta grave* é sinônimo de *justa causa* (art. 482).

a alegada falta grave, o empregador era obrigado a reintegrar o empregado, pagando todos os salários do tempo da suspensão.

Mesmo antes de adquirir a estabilidade o empregado contava com uma proteção considerável.

Na rescisão sem justa causa do contrato por prazo indeterminado o empregado fazia jus a uma *indenização*, em valor equivalente a um mês de remuneração por ano de serviço efetivo.[3]

Se a despedida ocorresse nas vésperas de o empregado completar 10 anos de serviço a indenização era *dobrada*, porque era considerada *obstativa* da aquisição da estabilidade (art. 499, § 3º).

Entretanto, o primeiro ano do contrato era considerado como período de experiência (art. 478, § 1º).

Na rescisão nenhuma indenização era devida. Também não era devida a indenização na despedida por justa causa, no pedido de demissão, na morte do empregado e na aposentadoria voluntária.[4]

Resumindo, o empregado adquiria a estabilidade no emprego após 10 anos de serviço para o mesmo empregador. O estável estava imune à demissão, exceto por falta grave ou força maior. Era possível a despedida imotivada do empregado não estável, mas obrigava ao pagamento de indenização equivalente a um salário por ano de serviço.

Até completar um ano o empregado estava em período de experiência e poderia ser dispensado sem indenização.

1.2 Sistema optativo de 1967

A Constituição Federal de 1967 trouxe a possibilidade de o empregado optar entre o regime tradicional da estabilidade e um novo sistema de Fundo de Garantia do Tempo de Serviço-FGTS.

3. Era computada a *gratificação natalina* para efeito do cálculo da indenização (Súmula 148 do TST), na base de 1/12 por ano.

4. A *aposentadoria compulsória* implicava pagamento da indenização (art. 51 da L 8.213/91). No *fechamento* do estabelecimento, filial ou agência o estável tinha o direito à indenização em dobro (art. 498). Ocorrendo *força maior* ou *morte do empregador* o estável recebia indenização simples e o não-estável tinha direito à metade da verba. Paralisado o trabalho por ato de autoridade (*fato do príncipe*), a indenização era devida pelo governo responsável (art. 486).

Se desejasse, o empregado deveria fazer uma opção formal pelo FGTS, que era anotada na CTPS. Dividiam-se, então, os empregados em duas categorias: *optantes* e *não optantes.*

A quase totalidade dos empregados acabou optando pelo FGTS. É que os empregadores davam preferência a optantes na contratação de novos empregados. É explicável. O empregado estável, por vezes, tornava-se indolente no trabalho, pois não era atingido facilmente por ato do empregador.

Por outro lado, a sistemática do FGTS restabelecia o poder do empregador de despedir o empregado arbitrariamente, conforme suas conveniências.

Na prática, permaneceram no sistema antigo apenas os já estáveis e aqueles que estavam em vias de adquirir o direito.

1.3 Regras de transição

A *Constituição Federal de 1988* encerrou o ciclo histórico da estabilidade no emprego por tempo de serviço, extinguindo a possibilidade de opção. O *FGTS* passou a ser compulsório.

Mas a L 8.036/90 ressalvou expressamente o *direito adquirido* dos já estáveis (art. 14), que continuaram protegidos da despedida arbitrária.

Por outro lado, o não optante pelo FGTS que ainda não era estável passou a ter um *sistema híbrido.* O tempo de trabalho após 5.10.1988 é regulado pelo FGTS. Já o tempo anterior continuou regido pelo sistema de indenização, na rescisão sem justa causa. Esse tempo anterior pode ser objeto de negociação entre as partes, mas o empregador está obrigado a pagar indenização de, no mínimo, 60% da prevista.

O empregador pode também se desobrigar da indenização a qualquer tempo, depositando na conta vinculada do FGTS do empregado o valor total correspondente. Neste caso, extinto o contrato e não havendo indenização a pagar, poderá o empregador levantar o depósito a seu favor, decorrido o prazo prescricional para reclamação.

1.4 Estabilidades temporárias

Remanescem e até foram ampliadas as *estabilidades provisórias*, adquiridas em decorrência de circunstâncias passageiras, para melhor proteção de alguns interesses especiais da sociedade, como o período de gestação e amamentação e a prevenção de acidentes.

Têm estabilidade provisória:

1) a *empregada gestante*[5] (art. 10, II, "b", do ADCT), desde a confirmação da gravidez até o quinto mês após o parto,[6] mesmo que a confirmação da gravidez advenha durante o prazo de aviso prévio (CLT, art. 391-A);
2) o *diretor da CIPA*, desde o registro da candidatura até um ano após o mandato (art. 10, II, "a", do ADCT);
3) o *suplente da CIPA* (Súmula 339 do TST);
4) o *acidentado*, pelo prazo de 12 meses, após a cessação do auxílio-doença (art. 118 da L 8.213/91);[7]
5) o *dirigente sindical*, a partir da candidatura, até um ano após o final do mandato (art. 543, § 3º, da CLT); e
6) o membro de Comissão de Conciliação Prévia, titular ou suplente, até um ano após o final do mandato (art. 625-B, § 1º, da CLT).

Há procedimento legal para a dispensa do *dirigente sindical*, que exige a instauração de *inquérito judicial* para apuração de *falta grave* (arts. 853 e ss.; e Súmula 379 TST). Mas os outros estáveis, no caso de justa causa, são demitidos sem formalidades especiais.

Sendo *injusta a dispensa*, poderá o empregado com estabilidade provisória ser reintegrado no emprego, mediante *ação judicial* (Súmula 396, do TST).[8]

5. **Contrato temporário, gestante**. A empregada contratada para trabalho temporário não faz jus à estabilidade provisória (TST, 1ª T., RR-1143-41.2014.5.02.0070, rel. Min. Hugo Carlos Scheuermann, j. 11.5.2016, pub. 20.5.2016).

6. ***Gestação.*** A estabilidade provisória da gestante incide também em contrato de experiência, e mesmo que seu bebê nasça sem vida, pouco importando se a gestação teve início antes ou depois da contratação.

7. **Prazo determinado.** Súmula 378, III, do TST: "O empregado submetido a contrato de trabalho por tempo determinado goza da garantia provisória de emprego, decorrente de acidente de trabalho, prevista no art. 118 da Lei n. 8.213/1991".

Empregado Doméstico. A redação do art. 118 da L 8.213/91, ao se referir apenas à garantia do contrato de trabalho "na empresa", silenciando quanto ao "empregador doméstico", sugere que o empregado doméstico não goza de estabilidade em razão de acidente de trabalho.

8. "I – Exaurido o período de estabilidade, são devidos ao empregado apenas os salários do período compreendido entre a data da despedida e o final do período de estabilidade, não lhe sendo assegurada a reintegração no emprego. II – Não há nulidade por julgamento *extra petita* da decisão que deferir salário quando o pedido for de reintegração, dados os termos do art. 496 da CLT" (Súmula 396 do TST).

2. *Fundo de Garantia do Tempo de Serviço*

O *Fundo de Garantia do Tempo de Serviço-FGTS* é um pecúlio formado compulsoriamente pelo empregador, em nome do empregado, depositado em *conta vinculada* e regido por um *Conselho Curador* nacional. Tem como *agente operador* a Caixa Econômica Federal.

Até o dia 7 de cada mês o empregador está obrigado a depositar, na conta vinculada de cada empregado, a importância equivalente a *8% da remuneração* respectiva no mês anterior, com o acréscimo de 0,5%, a título de contribuição social, salvo empresas participantes do SIMPLES (LC 110/2001).

Para o cálculo devem ser incluídos os salários, as gorjetas, as comissões, percentagens, gratificações, remuneração das horas extras, adicionais, abonos, diárias que excedam 50% do salário, a gratificação natalina e o aviso prévio, trabalhado ou não (Súmula 305 do TST).

Não entram no cálculo o valor das férias indenizadas, das férias abonadas, a ajuda de custo indenizatória, o salário-família e participação nos lucros não remuneratória (art. 7º, XI, da CF).

O depósito da contribuição ao FGTS é obrigatório mesmo durante o afastamento para o *serviço militar* e por *acidente do trabalho.*

É facultativa a inscrição no FGTS dos *diretores não empregados.*[9]

2.1 Natureza jurídica do FGTS, competência e prescrição

Três correntes tentam explicar a *natureza jurídica* do FGTS.

Para a primeira, o FGTS é um *direito trabalhista típico*, que decorre das relações de emprego. A *prescrição* é de cinco anos, até o limite de dois anos após o fim do contrato de trabalho. A *competência* para dirimir litígios sobre o FGTS é da Justiça do Trabalho.

Para a segunda corrente, a contribuição para o FGTS é de *cunho tributário*, amoldando-se com exatidão à definição de tributo contida no art. 3º do CTN.[10]

Porém, o STF, superando entendimento anterior, parece ter atribuído à contribuição do FGTS a natureza jurídica trabalhista, fixando sempre em 5 anos a prescrição[11] para a cobrança de valores não pagos.

9. Considera-se *diretor* aquele que exerce cargo na administração previsto em lei, estatuto ou contrato social, independentemente da denominação do cargo (art. 16 da L 8.036/90).

10. CTN, art. 3: “Tributo é toda prestação pecuniária compulsória, em moeda ou cujo valor nela se possa exprimir, que não constitua sanção de ato ilícito, instituída em lei e cobrada mediante atividade administrativa plenamente vinculada”.

11. **Prescrição**. Prescrição quinquenal. Cobrança de valores não pagos. Art. 7º, XXIX, da Constituição. Superação de entendimento anterior sobre prescrição trintenária. Inconstitu-

O ordenamento jurídico prestigia as três posições ao mesmo tempo. O ser jurídico híbrido tem cabeça trabalhista e corpo tributário.

Com efeito, trata-se de *direito trabalhista* porque:

1) a Constituição Federal colocou o FGTS no rol dos direitos trabalhistas fundamentais (art. 7º, III, da CF);

2) os créditos relativos ao FGTS gozam dos mesmos privilégios atribuídos aos créditos trabalhistas (art. 2º, § 3º, da L 8.844/94);

3) a Justiça do Trabalho é competente para as ações que visam a compelir o empregador a efetuar os depósitos do FGTS (art. 25 da L 8.036/90), mesmo quando a Caixa Econômica Federal e o Ministério do Trabalho figurem como litisconsortes (art. 26 da mesma lei).

A porção *tributária* do FGTS é revelada quando se verifica que a contribuição, as multas e demais encargos devidos ao FGTS também podem ser reclamados pela Fazenda Nacional ou pela CEF, mediante *inscrição na dívida ativa* e posterior *execução fiscal* (L 8.844/94),[12] promovido perante a Justiça Federal comum. Por outro lado, tanto a Constituição Federal como o CTN indicam que a contribuição social tem natureza tributária.[13]

Pelo dito até aqui, parece possível afirmar que o FGTS é um fenômeno jurídico multifacetário, que pode ser tanto objeto de *ação trabalhista*, movida pelo empregado contra o empregador, na Justiça do Trabalho, como fundamento para *inscrição na dívida ativa* e cobrança via *executivo fiscal*, promovido pela União ou pela CEF, na Justiça Federal. As questões

cionalidade dos arts. 23, § 5º, da Lei 8.036/1990 e 55 do Regulamento do FGTS aprovado pelo Decreto 99.684/1990. Segurança jurídica. Necessidade de modulação dos efeitos da decisão. Art. 27 da Lei 9.868/1999. Declaração de inconstitucionalidade com efeitos *ex nunc*. Recurso extraordinário a que se nega provimento (STF, ARE 709 212-DF, Pleno, RGeral, rel. Min. Gilmar Mendes, j. 13.11.2014, pub. 19.2.2015). Restou prejudicada, portanto, a Súmula 210 do STJ, que estabelecia prescrição de 30 anos para cobrança do FGTS.

Modulação do prazo prescricional. (Súmula 362 do TST): "I – Para os casos em que a ciência da lesão ocorreu a partir de 13.11.2014, é quinquenal a prescrição do direito de reclamar contra o não recolhimento de contribuição para o FGTS, observado o prazo de dois anos após o término do contrato; II – Para os casos em que o prazo prescricional já estava em curso em 13.11.2014, aplica-se o prazo prescricional que se consumar primeiro: trinta anos, contados do termo inicial, ou cinco anos, a partir de 13.11.2014" (STF-ARE-709.212-DF).

12. L 8.844/94, com a redação da L 9.467/97: "Art. 2º. Compete à Procuradoria-Geral da Fazenda Nacional a inscrição em Dívida Ativa dos débitos para com o Fundo de Garantia do Tempo de Serviço-FGTS, bem como, diretamente ou por intermédio da Caixa Econômica Federal, mediante convênio, a representação judicial e extrajudicial do FGTS, para a correspondente cobrança, relativamente à contribuição e às multas e demais encargos previstos na legislação respectiva".

13. O STF tem reiteradamente afirmado a natureza tributária da contribuição ao FGTS (ADIs 2.556-DF e 2.568-DF, rel. Min. Joaquim Barbosa, j. 13.6.2012).

estranhas ao relacionamento empregado/empregador são de competência da Justiça Federal comum. A prescrição é de 5 anos.

Excluídas as reclamações trabalhistas, compete *à Justiça Federal* processar e julgar os feitos relativos à movimentação do FGTS (Súmula 82 do STJ).

2.2 Hipóteses de levantamento dos depósitos no FGTS

A *conta vinculada* do trabalhador no FGTS poderá ser movimentada nas seguintes situações:

1) despedida sem justa causa, inclusive a indireta, culpa recíproca ou força maior (art. 20, I, da L 8.036/90);
2) extinção total da empresa, fechamento de quaisquer de seus estabelecimentos, filiais ou agências, supressão de parte de suas atividades, ou ainda falecimento do empregador individual, sempre que qualquer dessas ocorrências implique rescisão de contrato de trabalho, comprovada por declaração escrita da empresa, suprida, quando for o caso, por decisão judicial transitada em julgado (n. II);
3) aposentadoria concedida pela Previdência Social (n. III);
4) falecimento do trabalhador, sendo o saldo pago a seus dependentes habilitados perante a Previdência Social. Na falta de dependentes receberão seus sucessores previstos na lei civil, indicados em alvará judicial, independente de inventário ou arrolamento (n. IV);
5) pagamento de parte das prestações decorrentes de financiamento habitacional concedido no âmbito do Sistema Financeiro da Habitação-SFH, desde que: a) o mutuário conte com o mínimo de 3 anos de trabalho sob o regime do FGTS; b) o valor bloqueado seja utilizado, no mínimo, durante o prazo de 12 meses; c) o valor do abatimento atinja, no máximo, 80% do montante da prestação (n. V);
6) liquidação ou amortização extraordinária do saldo devedor de financiamento imobiliário, observadas as condições estabelecidas pelo Conselho Curador, dentre elas a de que o financiamento seja concedido no âmbito do SFH e haja interstício mínimo de dois anos para cada movimentação (n. VI);
7) pagamento total ou parcial do preço da aquisição de moradia própria ou lote urbanizado de interesse social não construído, observadas

as seguintes condições: a) o mutuário deverá contar com o mínimo de três anos de trabalho sob o regime do FGTS; b) seja a operação financiável nas condições vigentes para o SFH (n. VII);

8) quando o trabalhador permanecer por três anos ininterruptos, a partir de 1º de junho de 1990, fora do regime do FGTS, podendo o saque, neste caso, ser efetuado a partir do mês de aniversário do titular da conta (n. VIII);

9) extinção normal do contrato a termo, inclusive o dos trabalhadores temporários (n. IX);

10) suspensão total do trabalho avulso por 90 dias ou mais, comprovada por declaração do sindicato representativo da categoria profissional (n. X);

11) quando o trabalhador ou qualquer de seus dependentes for acometido de neoplasia maligna – câncer (n. XI);

12) aplicação em quotas de fundos mútuos de privatização, regidos pela L 6.385, de 7.12.76, permitida a utilização máxima de 50% do saldo existente e disponível em sua conta vinculada do FGTS na data em que exercer a opção (n. XII);

13) quando o trabalhador ou qualquer de seus dependentes for portador do vírus HIV;

14) quando o trabalhador ou qualquer de seus dependentes estiver em estágio terminal, em razão de doença grave, nos termos do regulamento;

15) quando o trabalhador tiver idade igual ou superior a setenta anos;

16) necessidade pessoal, cuja urgência e gravidade decorra de desastre natural, conforme disposto em regulamento, observadas as condições do inciso XVI do art. 20 da L. 8.036/90;

17) integralização de cotas do Fundo de Investimento do FGTS até o máximo de 30% do saldo existente e disponível na data em que exercer a opção.

18) quando o trabalhador com deficiência, por prescrição, necessite adquirir órtese ou prótese para promoção de acessibilidade e de inclusão social.

Tem sido admitidos o bloqueio e a penhora dos valores depositados no FGTS para satisfazer execução de prestação alimentícia em atraso (STJ, RE 1.083.061-RS-07/04/2010).

FGTS e Divórcio. Há tendência dos tribunais considerarem que, durante casamento em comunhão parcial, os valores do FGTS depositados em nome do cônjuge trabalhador integram o patrimônio comum do casal, estando sujeitos à partilha quando do divórcio.[14]

14. *Notícias STJ* 11/03/2016 (Assessoria de Imprensa).

Capítulo XIII

PRESCRIÇÃO

1. Noção. 2. Prescrição para o trabalhador urbano e rural. 3. Temas diversos acerca da prescrição.

1. Noção

O instituto da prescrição tem semelhança com o da decadência (ou caducidade), mas com este não se confunde. *Decadência* é a extinção de um direito pelo não exercício do mesmo no prazo assinalado por convenção ou por lei. O que se extingue é o próprio direito, e não apenas a ação que o protege. O prazo na decadência não se interrompe, nem se suspende.

A *prescrição é* um meio de defesa, com base no decurso do tempo. Costuma ser definida como a *perda do direito de ação*. O prazo pode ser interrompido ou suspenso.[1]

O *termo inicial* da prescrição é o momento em que o direito poderia ser exercitado ou a data da extinção do contrato de trabalho. Para as *férias* inicia-se o prazo com o fim do período concessivo. Para o *salário*, na data em que deveria ser pago.

2. Prescrição para o trabalhador urbano e rural[2]

O prazo prescricional para o *trabalhador urbano e rural* é de cinco anos, até o limite de dois anos após a extinção do contrato (art. 7º, XXIX, "a", da CF, redação dada pela EC 28, de 25.5.2000).

1. A prescrição não corre para o *menor de 18 anos* (art. 440 da CLT). Para o Direito do Trabalho não é necessária a citação efetiva do empregador para ocorrer a interrupção; basta protocolar a inicial da reclamação trabalhista. No processo do trabalho não há despacho para determinar a citação (notificação), que é automática (art. 841).

2. ***Estágio.*** Prescrição. Contrato também sujeito à prescrição de 2 anos do art. 7º, XXIX, da Constituição Federal, afastada a aplicabilidade do art. 205 do Código Civil (TST, 4ª T., RR 286-96.2013.5.04.0741, rel. Min. Fernando Eizo Ono).

Ou, melhor, na vigência do contrato de trabalho, o prazo para reclamar é de cinco anos. Mas, havendo rescisão do contrato de trabalho, o prazo passa a ter uma sistemática toda própria; anda de lado e olha para trás, como um caranguejo.

Explica-se.

Encerrado o contrato, o empregado tem dois anos para reclamar judicialmente seus direitos. A data da reclamação marca o termo final do prazo de cinco anos, que deve ser calculado para o passado. Somente poderão ser objeto de reclamação os direitos trabalhistas que foram sonegados durante o contrato, no prazo de até cinco anos, contados da data da propositura da reclamação judicial.

Por exemplo, após a demissão injusta o empregado aguarda um ano para propor sua reclamação trabalhista. Poderá reclamar apenas as verbas não pagas nos últimos quatro anos de contrato (1 ano de demora para a proposta da reclamação + 4 anos de contrato = 5).

Porém, atenção: o prazo máximo para propor a ação é de dois anos. *Ultrapassados os dois anos do fim do contrato, nada mais se poderá reclamar.*

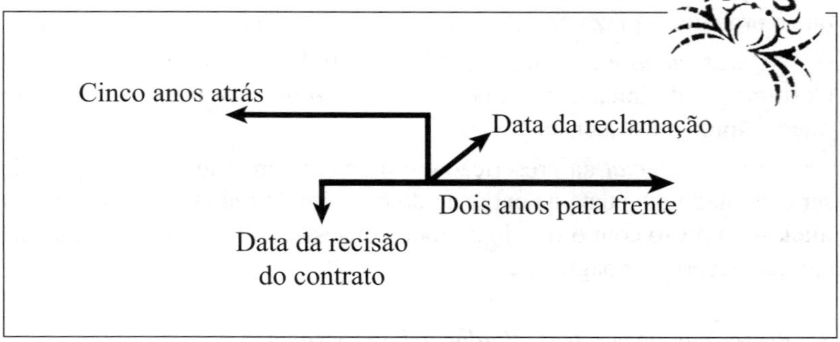

3. Temas diversos acerca da prescrição

• ***Aposentadoria, complementação***: "A pretensão à complementação de aposentadoria jamais recebida prescreve em 2 anos contados da cessação do contrato de trabalho (Súmula 326 do TST). "A pretensão a diferenças de complementação de aposentadoria sujeita-se à prescrição parcial e quinquenal, salvo se o pretenso direito decorrer de verbas não recebidas no curso da relação de emprego e já alcançadas pela prescrição, à época da propositura da ação" (Súmula 327 do TST).

• ***Execução***: Prescreve no mesmo prazo de prescrição da ação (Súmula 150 do STF).

• ***FGTS, contribuições***: Prescrição 5 anos. O STF (ARE-709.212-DF), superando entendimento anterior e também a Súmula 210 do STJ, julgou inconstitucionais os arts. 23, § 5º, da Lei 8.036/1990 e 55 do Regulamento do FGTS, que estabeleciam o prazo prescricional de 30 anos. Esta declaração tem efeitos *ex nunc* (não retroage) e modulados, conforme regulamentou a redação alterada da Súmula 362 do TST: "I – Para os casos em que a ciência da lesão ocorreu a partir de 13.11.2014, é quinquenal a prescrição do direito de reclamar contra o não recolhimento de contribuição para o FGTS, observado o prazo de dois anos após o término do contrato; II – Para os casos em que o prazo prescricional já estava em curso em 13.11.2014, aplica-se o prazo prescricional que se consumar primeiro: trinta anos, contados do termo inicial, ou cinco anos, a partir de 13.11.2014 (STF-ARE-709.212-DF)".

• ***Imprescritíveis***: 1) direito de ação que objetive anotações para fins de prova junto à Previdência Social (art. 11, § 1º); 2) ações constitutivas que não têm prazo especial de exercício fixado em lei; 3) todas as ações declaratórias.

• ***Interrupção***: Súmula 268 do TST: "Prescrição. Interrupção. Demanda trabalhista arquivada. A ação trabalhista, ainda que arquivada, interrompe a prescrição somente em relação aos pedidos idênticos" (redação da Resol. 121/2003, *DJU* 19.11.2003).

• ***Prescrição intercorrente***: Admite-se no Direito Trabalhista (Súmula 327 do STF). É inaplicável na Justiça do Trabalho (Súmula 114 do TST).[3]

• ***Prescrição trabalhista antes de 1988***: Era de dois anos (redação primitiva do art. 11 da CLT). "A norma constitucional que ampliou a prescrição da ação trabalhista para cinco anos é de aplicação imediata, não atingindo pretensões já alcançadas pela prescrição bienal, quando da promulgação da Constituição de 1988" (Súmula 308, II do TST).

• ***Prestações sucessivas***: "Tratando-se de demanda que envolva pedido de prestações sucessivas decorrente de alteração do pactuado, a prescrição é total, exceto quando o direito à parcela esteja também assegurado

3. ***Prescrição intercorrente. Inaplicabilidade ao Processo do Trabalho.*** "Viola o art. 5º, XXXVI, da Constituição Federal, a decisão que extingue a execução trabalhista, aplicando a prescrição intercorrente. A despeito do período pelo qual o processo fora arquivado, a previsão de impulso oficial do art. 878 da CLT afasta qualquer necessidade de iniciativa do exequente para o efetivo cumprimento da sentença transitada em julgado. Razão pela qual, a prescrição intercorrente não se aplica, nos moldes da Súmula n. 114 do TST" (TST, 1ª T., TST-RR-104800-93.1995.5.02.0254, rel. Min. Walmir Oliveira da Costa, j. 4.6.2014).

por preceito de lei" (Súmula 294 do TST, que revogou as Súmulas 168 e 198).

• ***Termo inicial da prescrição***: Quando se torna exigível a obrigação. Para o salário, após o 5º dia útil do mês subsequente ao vencido (art. 459, parágrafo único, da CLT). Para as férias, no fim do período concessivo. "Da extinção do último contrato é que começa a fluir o prazo prescricional do direito de ação objetivando a soma dos períodos descontínuos de trabalho" (Súmula 156 do TST). "O prazo de prescrição com relação à ação de cumprimento de decisão normativa flui apenas a partir da data de seu trânsito em julgado" (Súmula 350 do TST).

• ***Suspensão da prescrição***: O prazo prescricional será suspenso a partir da provocação da Comissão de Conciliação Prévia, recomeçando a fluir, pelo que lhe resta, a partir da tentativa frustrada de conciliação ou do esgotamento do prazo de dez dias para a realização da sessão de tentativa de conciliação, a partir da provocação do interessado (art. 625-G da CLT, inserido pela L 9.958, de 12.1.2000).

Capítulo XIV

RENÚNCIA E TRANSAÇÃO

Transação é o ato jurídico bilateral que pressupõe concessões mútuas: tanto o empregado com o empregador abrem mão de parte de seus direitos. *Renúncia* é o ato unilateral do empregado que abdica de um direito.

Havendo livre manifestação de vontade e não resultando prejuízo para o empregado ou afronta às disposições de proteção ao trabalho, o Direito brasileiro, em princípio, admite a *transação trabalhista* (art. 444 da CLT).

Entretanto, para a *renúncia* a sistemática é diversa.

Pela *dependência econômica* que se estabelece, presume-se que a vontade do empregado não é livre na vigência do contrato de trabalho ou no seu ajuste inicial. Como os direitos trabalhistas são irrenunciáveis durante a duração do contrato, o ato de renúncia é considerado inexistente, exceto se houver expressa autorização legal.

Encerrado o liame de dependência econômica, com a rescisão do contrato, não se presume mais vontade viciada. Desta forma, não havendo prejuízo para o trabalhador, sendo este capaz, ocorrendo liberdade na manifestação de vontade e obedecida a forma legal, a tendência é admitir a renúncia do empregado aos direitos trabalhistas.

O *aviso prévio* é irrenunciável (Súmula 276 do TST), mas deve ser admitido como válido o ato do empregado que abre mão do benefício quando este não lhe convém ou não traz transtorno, como no caso do início imediato em novo emprego.

A cláusula de renúncia será sempre interpretada restritivamente.

Capítulo XV

NULIDADES TRABALHISTAS

Nulidade é o vício que impede o ato jurídico de produzir efeitos.

A *nulidade absoluta* caracteriza-se pela falta de algum elemento substancial do ato jurídico: livre manifestação da vontade, agente capaz, objeto lícito e forma prescrita ou não defesa em lei. Também haverá nulidade nos casos expressamente previstos pela lei.

A *nulidade relativa* (*anulabilidade*) ocorre por incapacidade relativa do agente ou por vício resultante de erro, dolo, coação, simulação ou fraude contra credores.

A nulidade absoluta pode ser arguida a qualquer tempo, por qualquer pessoa, não admite convalidação ou ratificação e não se sujeita a prescrição. A anulabilidade, ao contrário, só pode ser reclamada pelo interessado direto e pode-se convalidar, com a chegada da prescrição.

Quando o grau de nulidade é muito grande e visível, tem-se que o ato jurídico é inexistente. Na prática, a nulidade e a anulabilidade necessitam de reconhecimento judicial. Mas o *ato inexistente*, de tão óbvio e grave o defeito, dispensa ação judicial para ser declarado sem efeito. Por exemplo, o contrato de trabalho escravo é inexistente, tal o grau de ofensa ao Direito.

A *lei trabalhista* fulmina de *nulidade absoluta* todos os atos praticados com o objetivo de desvirtuar, impedir ou fraudar a aplicação dos preceitos contidos na CLT (art. 9º). Porém, são livres as estipulações que não contravenham as disposições de proteção ao trabalho, os contratos coletivos e as decisões judiciais (art. 444).

Ou seja, o ato que afronta regra de proteção do trabalho é nulo; caso contrário o ato defeituoso será anulável.

Mas, atenção: há uma tendência de considerar todos os defeitos do *ato jurídico laboral* como *anulabilidades* (nulidades relativas), porque a *prescrição* atinge indistintamente todos os atos lesivos aos direitos trabalhistas.

De qualquer maneira, o reconhecimento de eventual nulidade ou anulabilidade não pode conduzir a conclusões absurdas, contra os interesses do empregado. Assim, por exemplo, mesmo proibido pela Constituição, o trabalho do menor de 16 anos deve ser remunerado, gozando de todos os direitos trabalhistas e previdenciários regulares.

NULIDADES TRABALHISTAS, NA TEORIA	*Absoluta* – afronta regra de proteção ao trabalho. Pode ser arguida a qualquer tempo, por qualquer pessoa *Relativa* – atinge direito disponível. Só pode ser arguida no prazo prescricional, pelo interessado
NULIDADES TRABALHISTAS, NA PRÁTICA	⇔ Exceto os inexistentes, todos os atos defeituosos estão sujeitos a prescrição

Capítulo XVI

GREVE

1. Conceito. 2. Condição. 3. Procedimento e aviso prévio. 4. Meios. 5. Suspensão do contrato de trabalho. 6. Dispensa vedada. 7. Serviços essenciais. 8. Locaute. 9. Pequeno dicionário da greve.

1. Conceito

Greve é a paralisação coletiva, temporária e pacífica da prestação pessoal de serviços ao empregador, com a finalidade de alcançar uma evolução nas condições de trabalho.

2. Condição

A greve é um direito,[1] exercível somente após esgotadas as possibilidades de *negociação coletiva* e verificada a impossibilidade de recurso à *via arbitral*.

3. Procedimento e aviso prévio

A assembleia-geral da entidade sindical delimita as reivindicações e delibera sobre a cessação coletiva do trabalho. É necessário um *aviso prévio* ao empregador de, no mínimo, 48 horas. Nos *serviços essenciais* é obrigatória a comunicação ao empregador e aos usuários com 72 horas de antecedência.

4. Meios

Podem ser utilizados todos os *meios pacíficos* para persuadir os trabalhadores a aderir à greve, mas o acesso ao trabalho é livre. Não pode

1. Arts. 9º, *caput*, da CF e 1º, da L 7.783/89.

a empresa constranger de qualquer forma o empregado ao trabalho, nem embaraçar a divulgação do movimento.

5. *Suspensão do contrato de trabalho*

Durante a *greve lícita* o contrato individual de trabalho, em princípio, fica *suspenso*: não há pagamento de salário. Todavia, as relações obrigacionais, durante o período de paralisação, serão reguladas pelo acordo, convenção, laudo arbitral ou decisão judicial, podendo ficar ajustado até o pagamento dos salários referentes aos dias parados. Nesta hipótese, o contrato será tomado como interrompido.

6. *Dispensa vedada*

Neste período são *vedadas* a *rescisão do contrato de trabalho* e a *contratação de trabalhadores substitutos*, exceto nos *serviços necessários*[2] ou se houver *abuso do direito de greve.*

7. *Serviços essenciais*

Nos *serviços essenciais*[3] os sindicatos, empregados e empregadores ficam obrigados a garantir, de comum acordo, o atendimento das necessidades inadiáveis da comunidade, assim entendidas aquelas que coloquem em perigo iminente a sobrevivência, a saúde ou a segurança da população.

Na omissão dos envolvidos na greve, cabe ao Poder Público garantir os serviços essenciais.

Havendo possibilidade de lesão de interesse público, o Ministério Público do Trabalho pode ajuizar dissídio coletivo (CF, art. 114, § 3º, na redação da EC 45/2004).

2. L 7.783/89, art. 9º:

"Durante a greve, o sindicato ou a comissão de negociação, mediante acordo com a entidade patronal ou diretamente com o empregador, manterá em atividade equipes de empregados com o propósito de assegurar os serviços cuja paralisação resulte em prejuízo irreparável, pela deterioração irreversível de bens, máquinas e equipamentos, bem como a manutenção daqueles essenciais à retomada das atividades da empresa quando da cessação do movimento.

"Parágrafo único. Não havendo acordo, é assegurado ao empregador, enquanto perdurar a greve, o direito de contratar diretamente os serviços necessários a que se refere este artigo."

3. L 7.783/89, art. 10: "São considerados serviços ou atividades essenciais: I – tratamento e abastecimento de água; produção e distribuição de energia elétrica, gás e combustíveis; II – assistência médica e hospitalar; III – distribuição e comercialização de medicamentos e alimentos; IV – funerários; V – transporte coletivo; VI – captação e tratamento de esgoto e lixo; VII – telecomunicações; VIII – guarda, uso e controle de substâncias radioativas, equipamentos e materiais nucleares; IX – processamento de dados ligados a serviços essenciais; X – controle de tráfego aéreo; XI – compensação bancária".

8. *Locaute*

É proibido o *locaute* (greve de empregadores), que, se ocorrer, implicará pagamento dos salários referentes ao período de paralisação.

9. *Pequeno dicionário da greve*

Boicote: recusa sistemática de relações sociais ou comerciais, obstrução. Deriva do nome do capitão inglês Charles C. Boycott, gerente de propriedades na Irlanda, que, por volta de 1880, ao fazer exigências excessivas aos empregados, causou revolta generalizada. Ninguém aceitava mais trabalhar para ele, vender ou comprar seus produtos. Foi obrigado a transferir-se para outra cidade. Se o boicote for violento, estará caracterizado crime (art. 198 do CP).

Greve: do francês *grève*, praia de areia. Praça às margens do rio Sena, em Paris, onde se reuniam os desempregados. Movimento de paralisação coletiva do trabalho.

Greve branca: greve não declarada. Os grevistas comparecem ao trabalho, mas não trabalham ou então diminuem muito o ritmo. O mesmo que greve de "braços caídos" ou de "braços cruzados".

Greve de fome: movimento onde os participantes recusam alimentação. Tem o objetivo de pressionar e constranger publicamente a outra parte, por meio da situação aflitiva provocada pela debilitação da própria saúde.

Greve de ocupação: os grevistas tomam a fábrica e se recusam a sair. Atenta contra o direito de propriedade e contra a liberdade de trabalho. Em princípio é ilícita. Pode caracterizar crime (art. 202 do CP).

Greve de rodízio: a paralisação atinge setores diversos da empresa, em sequência ou alternadamente, impedindo a produção.

Greve de solidariedade: os trabalhadores de um setor aderem à paralisação dos trabalhadores de outro setor, para aumentar a importância e o poder do movimento.

Greve de uma só pessoa: não é greve, que é movimento coletivo. Pode motivar dispensa por justa causa. Alguns autores exigem a paralisação de pelo menos três pessoas para caracterizar a greve, como faz o parágrafo único do art. 200 do Código Penal.

Greve relâmpago: paralisação rápida do trabalho que atinge um setor da empresa ou um ramo da economia.

Locaute: do inglês *lockout*, greve de empregadores. Paralisação das atividades, por iniciativa do empregador, com o objetivo de frustrar negociações ou dificultar o atendimento de reivindicações. É vedada pelo art. 17 da L 7.783/89.

Ludismo: movimento de operários ingleses para destruição de máquinas, tidas como responsáveis pelo desemprego (1812). Inspirado na atuação do aprendiz Ned Ludd, de Midlands, Inglaterra, que avançou com um martelo contra um tear, após ter sido espancado pelo patrão. Os luddistas tinham por alvo também as casas dos empregadores, chegando a eliminar alguns deles.

Militar: ao militar são proibidas a greve e a sindicalização (art. 142, § 3º, IV, da CF).

Operação Excesso de Zelo: durante a greve, de forma ostensiva, o cuidado na elaboração dos produtos chega a extremos, prejudicando a produção normal. No funcionalismo público recebe o nome de *Operação Padrão*. Provocam-se, por exemplo, enormes filas nos postos de fronteira, pela fiscalização exageradamente minuciosa.

Operação Tartaruga: diminuição drástica do trabalho, durante uma greve. Processamento lento das atividades.

Parede: o mesmo que greve.

Piquete: do francês *piquet*, soldados da guarda avançada. Movimento de frente dos grevistas para persuadir ou aliciar trabalhadores a aderirem à greve. Não havendo constrangimento ou violência, é autorizado por lei (art. 6º da L 7.783/89). Se houver, pode constituir crime (art. 197, I, do CP).

Policial Civil: Ausência de direito subjetivo de greve. "As atividades exercidas por policiais civis constituem serviços públicos essenciais desenvolvidos por grupos armados, consideradas, para esse efeito, análogas às dos militares. Ausência de direito subjetivo à greve" (STF, Pleno, MI AgR 774-DF, rel. Min. Gilmar Mendes, *DJ-e* 125, div. 27.6.2014, pub. 1.7.2014).

Sabotagem: quebra de máquinas e danificação das instalações, nas greves violentas. Deriva do francês *sabot*, calçado ou tamanco. Para alguns historiadores a sabotagem inspirou-se no movimento de operários franceses que teriam utilizado seus tamancos para quebrar máquinas. Para outros, a tática de sabotagem foi criada na França, em 1910, durante uma greve, quando foram arrancadas as sapatas que mantinham os trilhos ferroviários no lugar. Pode caracterizar crime (art. 202 do CP).

Serviços essenciais: tratamento e abastecimento de água, produção e distribuição de energia elétrica, gás e combustíveis, assistência médica e hospitalar, distribuição e comercialização de medicamentos e alimentos, funerários, transporte coletivo, captação e tratamento de esgoto e lixo, telecomunicações, guarda, uso e controle de substâncias radioativas, equipamentos e materiais nucleares, processamento de dados ligados a serviços essenciais, controle de tráfego aéreo e compensação bancária.

Servidor público civil: De acordo com o texto constitucional (art. 37, VI, da CF), no *serviço público*, o direito de greve dependeria de lei específica a ser editada. Não obstante, "o Supremo Tribunal Federal, nos termos dos Mandados de Injunção ns. 670-ES, 708-DF e 712-PA, decidiu no sentido de eficácia imediata do direito constitucional de greve dos servidores públicos, a ser exercido por meio de aplicação da Lei n. 7.783/89, até que sobrevenha lei específica para regulamentar a questão" (STF, TP, ADI 3.235-AL, rel. p/ac. Min. Gilmar Mendes, j. 4.2.2010, *DJe* 45, de 12.3.2010).[4]

4. No entanto, já se decidiu que as atividades das quais dependam a manutenção da ordem pública, a segurança pública, a administração da Justiça, a saúde pública e envolva os integrantes das carreiras de Estado, assim entendidas aquelas cujos membros exercem atividades indelegáveis, inclusive as de exação tributária, não estão inseridos no elenco dos servidores alcançados por esse direito. Na mesma situação estão os serviços públicos desenvolvidos por grupos armados. "As atividades desenvolvidas pela Polícia Civil são análogas, para esse efeito, às dos militares, em relação aos quais a Constituição expressamente proíbe a greve – art. 142, § 3º, IV, da CF" (STF, TP, Rcl 6.568-SP, rel. Min. Eros Grau, j. 21.5.2009, *DJe* 181, de 25.9.2009).

Capítulo XVII

SINDICATO

1. Conceito. 2. Natureza jurídica. 3. Entes sindicais. 4. Princípios constitucionais. 5. Criação. 6. Fontes de recursos. 7. Atividades.

1. Conceito

O termo *sindicato* vem do francês *syndicat* e costuma ser definido como associação de pessoas da mesma categoria, que se destina a defender os seus interesses. *Categoria é* o universo de pessoas que desempenham a mesma atividade profissional ou atuam no mesmo setor econômico.

Sindicato dos empregados é aquele instituído para a defesa dos interesses dos trabalhadores. O *sindicato patronal* reúne os empregadores do mesmo ramo econômico.

2. Natureza jurídica

Durante muito tempo discutiu-se qual seria a *natureza jurídica* do sindicato brasileiro.

Afirmavam os mais abalizados mestres que o sindicato era pessoa jurídica de direito público, tal a ligação que tinha com o Estado. E, de fato, até a Constituição Federal de 1988 o sindicato não tinha autonomia e o Poder Público poderia, inclusive, nele intervir, designando uma junta interventora.

É pessoa jurídica de direito privado, asseguravam outros, com vistas no caráter associativo do sindicato.

Para um terceiro grupo o sindicato seria um ente híbrido, próprio de um novo ramo jurídico denominado Direito Sindical ou Direito Social.

A Constituição de 1988 espancou de vez todas as dúvidas, afastando o sindicato de qualquer influência ou controle estatal. Hoje, é possível afirmar com segurança que o sindicato é *pessoa jurídica de direito privado.*

3. Entes sindicais

Sindicato é o grupo que atua na base da estrutura sindical. Sua área territorial mínima é a de um Município. Sua estrutura básica é composta da *Assembleia-Geral*, órgão máximo, que reúne todos os associados, do *Conselho Fiscal*, com funções de fiscalização financeira, e da *Diretoria*, que é o órgão de execução, chefiado por um presidente.

Federação é o agrupamento de, no mínimo, cinco sindicatos da mesma categoria profissional ou econômica. Sua base territorial corresponde geralmente a um Estado (art. 534, §§ 1º e 2º). Seus órgãos são *Diretoria*, *Conselho dos Representantes*, formado pelas delegações dos sindicatos, e *Conselho Fiscal*.

Confederação é a associação de três federações, no mínimo, organizadas em caráter nacional, com sede na Capital da República. Tem a mesma estrutura administrativa da federação.

O *Conselho de Representantes* é formado pelos delegados das federações filiadas.

Cada delegação sindical ou federal é formada por dois membros, com mandato de três anos. Mas cada delegação terá apenas um voto nas deliberações da federação ou da confederação.

As *centrais sindicais* não têm estrutura prevista em lei. Formam-se naturalmente, pela reunião dos entes sindicais diversos, independentemente de categoria, com atuação nacional.

4. Princípios constitucionais

A Carta de 1988 conferiu ao sindicato a mais ampla *autonomia*, rompendo com a tradição de dependência e controle que a CLT estabelecia.

Por conta disso, grande parte do Capítulo sobre a "Organização Sindical" (arts. 511 a 608) encontra-se revogada, já que não recepcionada pela Constituição.

As principais normas constitucionais sobre a matéria estão no art. 8º da Constituição Federal:

1) É assegurada a livre associação profissional ou sindical (art. 8º, *caput*, da CF).
2) Ninguém será obrigado a filiar-se ou a manter-se filiado a sindicato.
3) A fundação de sindicato não está sujeita a autorização estatal.

4) É vedada a interferência ou intervenção pelo Poder Público no sindicato.
5) É vedada a criação de mais de um sindicato, da mesma categoria, na mesma base territorial.
6) A definição da base territorial é feita pelos empregadores ou trabalhadores interessados, mas, no mínimo, deverá abranger um Município.
7) É vedada a dispensa, sem falta grave, do trabalhador dirigente sindical, inclusive suplente, desde o registro da candidatura até um ano após o final do mandato, se eleito.
8) O sindicato passa a ter legitimidade para defender interesses coletivos e individuais da categoria, inclusive em juízo.

5. *Criação*

A *criação* do sindicato independe de autorização estatal, mas é obrigatório o *registro* no *Cadastro Nacional das Entidades Sindicais* (CNES), da Secretaria das Relações do Trabalho, do Ministério do Trabalho.[1] O registro é ato administrativo vinculado, onde somente é analisada a presença dos requisitos legais. A solução de eventual conflito é de competência da Justiça Comum.

6. *Fontes de recursos*

Os entes sindicais podem arrecadar as seguintes verbas.

Contribuição confederativa: é a estabelecida pela Assembleia Geral, descontada em folha. Destina-se a sustentar o sistema confederativo de representação sindical (art. 8º, IV, da CF). Prevalece o entendimento de que o empregado pode se opor ao desconto.

Contribuição sindical compulsória (antigo imposto sindical): é estabelecida nos arts. 548, "a", e 578 da Consolidação das Leis do Trabalho. É obrigatória para todos os trabalhadores. Corresponde a um dia de salário, para o empregado, e a um percentual sobre o capital social, para o empregador, conforme a tabela do art. 580.

Mensalidade sindical: é exigida apenas dos associados ao sindicato. É voluntária.

1. "Até que lei venha a dispor a respeito, incumbe ao Ministério do Trabalho proceder ao registro das entidades sindicais e zelar pela observação do princípio da unicidade" (Súmula 677, STF).

Contribuição ou *taxa assistencial*: é fixada pela Assembleia Geral em percentual sobre o salário, para cobrir os custos de uma negociação coletiva ou de outras despesas especiais. Vem prevalecendo o entendimento de que somente pode ser fixada pela Assembleia-Geral, e não por acordo coletivo, convenção coletiva ou sentença normativa.[2] O empregado pode se opor ao desconto em folha.

7. Atividades

Cumpre aos sindicatos representar, administrativa e judicialmente, os interesses gerais da categoria e os interesses individuais dos associados.[3]

Incumbe-lhes também participar das negociações coletivas, promover a arrecadação de suas verbas e manter serviços de assistência (art. 514).

Representação administrativa e judicial
Assistência
Negociação coletiva
Arrecadação

2. "Cláusula assistencial. As normas coletivas têm por escopo compor os conflitos coletivos. Não se compadece, pois, com esta finalidade o estabelecimento de cláusula cuja única interessada é a entidade sindical" (TST, RO-DC 368.264/97, José Luiz Vasconcellos, ac. 1.190/97).

3. Na representação judicial individual podem ocorrer situações curiosas. Por exemplo, um diretor eventualmente associado ao sindicato poderá figurar nos pólos passivo e ativo ao mesmo tempo, na mesma reclamação trabalhista; ora pessoalmente, como associado na reclamação promovida pelo sindicato, e ora como dirigente da reclamada. A hipótese, que já ocorreu na prática, assume aspectos insólitos na oportunidade de tentativa de acordo.

Capítulo XVIII

JUSTIÇA DO TRABALHO

1. Parte geral: 1.1 Órgãos da Justiça do Trabalho – 1.2 Competência – 1.3 Ministério Público do Trabalho – 1.4 Dissídios individuais e dissídios coletivos – 1.5 Princípio protecionista. 2. Processo trabalhista. Dissídios individuais: 2.1 Ação trabalhista. Pedido inicial – 2.2 Distribuição – 2.3 Redução a termo da reclamação verbal – 2.4 Notificação do requerido – 2.5 Comparecimento à audiência – 2.6 Parte incontroversa dos salários – 2.7 A audiência – 2.8 Proposta de conciliação – 2.9 Fixação do valor da causa – 2.10 Valor de alçada (simplificação do procedimento) – 2.11 Defesa escrita ou oral – 2.12 Fase probatória – 2.13 Razões finais – 2.14 Segunda proposta de conciliação – 2.15 Sentença – 2.16 "Ultra petita". "Infra petita". "Extra petita" – 2.17 Petições por fac símile. 3. Recursos: 3.1 Geral: 3.1.1 Advogado – 3.1.2 Decisões interlocutórias – 3.1.3 Valor de alçada – 3.1.4 Efeitos dos recursos – 3.1.5 Pressupostos subjetivos e objetivos – 3.1.6 Fungibilidade dos recursos – 3.1.7 Interposição por "fax" – 3.1.8 Juízo "a quo". Juízo "ad quem" – 3.1.9 Juntada de documentos – 3.1.10 Privilégios de entes públicos – 3.2 Recursos da Consolidação das Leis do Trabalho: – 3.2.1 Recurso ordinário – 3.2.2 Recurso de revista – 3.2.3 Embargos – 3.2.4 Agravo de petição – 3.2.5 Agravo de instrumento – 3.3 Recursos de normas esparsas: 3.3.1 – Revisão do valor da causa – 3.3.2 Duplo grau de jurisdição – 3.3.3 Agravos regimentais – 3.3.4 Correição parcial (Reclamação correicional) – 3.4 Recursos do Código de Processo Civil: – 3.4.1 Recurso adesivo – 3.4.2 Embargos declaratórios – 3.4.3 Recurso extraordinário – 3.5 Recursos nas ações de competência originária dos Tribunais. 4. Procedimento sumariíssimo. 5. Comissões de Conciliação Prévia-CCPs. 6. Processo trabalhista. Dissídios coletivos. 7. Processo eletrônico.

1. Parte geral

1.1 Órgãos da Justiça do Trabalho

1) os *Juízes do Trabalho*[1] (onde não houver Vara do Trabalho, funcionam os juízes de direito estaduais);

2) os *Tribunais Regionais do Trabalho* (CF, art. 115) e respectivas *Câmaras Regionais* de funcionamento descentralizado (CF, art. 115, § 2º, na redação da EC 45/2004);

1. A EC 24, de 9.12.99, extinguiu as anteriores Juntas de Conciliação e Julgamento, bem como os cargos de juízes classistas.

3) o *Tribunal Superior do Trabalho*, junto ao qual estabeleceu-se o *Conselho Superior da Justiça do Trabalho*, com funções de supervisão geral, e a *Escola Nacional de Formação e Aperfeiçoamento de Magistrados do Trabalho* (CF, art. 111-A, § 2º, inserido pela EC 45/2004).

O *Supremo Tribunal Federal* poderá também julgar questões trabalhistas, de ordem constitucional, em grau de recurso.

1.2 Competência

Compete à Justiça do Trabalho processar e julgar (art. 114 da CF):

I – as ações oriundas da relação de trabalho, abrangidos os entes de direito público externo e da administração pública direta e indireta da União, dos Estados, do Distrito Federal e dos Municípios, compreendendo, entre outras, as seguintes hipóteses:

- empregados (CLT, art. 643)
- empregados públicos[2] (v. L 9.962/2000, sobre emprego público regido pela CLT)
- empregados domésticos (CF, art. 7º, parágrafo único)
- trabalhadores rurais (CF, art. 7º)
- trabalhadores temporários (L 6.019/74, art. 19)
- trabalhadores avulsos (CLT, art. 643)
- parceiros, meeiros e arrendatários não autônomos (art. 107, § 2º, da L 4.504/64)
- pequenos empreiteiros, a respeito da empreitada (CLT, art. 652, III);

II – as ações que envolvam exercício do direito de greve;

III – as ações sobre representação sindical, entre sindicatos, entre sindicatos e trabalhadores, e entre sindicatos e empregadores;

IV – os mandados de segurança, *habeas corpus*[3] e *habeas data*, quando o ato questionado envolver matéria sujeita à sua jurisdição;

2. **Empregado público, competência para reclamação.** Em regime de repercussão geral, o STF reafirmou que compete à Justiça do Trabalho processar e julgar ação entre o Poder Público e servidores a ele vinculados por contrato regido pela CLT, buscando receber prestações de natureza trabalhista (STF, Pleno, ARE 906 491 RG-DF, rel. Min. Teori Zavascki, j. 1.10.2015).

3. **Criminal, não.** O art. 114, IV, da CF não atribui à Justiça do Trabalho competência para processar e julgar ações penais (STF ADI 3.684-0, pub. 3.8.2007).

V – os conflitos de competência entre órgãos com jurisdição trabalhista, ressalvados os conflitos de competência entre o STF e quaisquer tribunais, entre os Tribunais Superiores ou entre estes e qualquer tribunal;

VI – as ações de indenização por dano moral[4] ou patrimonial, decorrentes da relação de trabalho;

VII – as ações relativas às penalidades administrativas impostas aos empregadores pelos órgãos de fiscalização das relações de trabalho;

VIII – a execução, de ofício, das contribuições sociais devidas pelos empregadores ou pelos trabalhadores, previstas no art. 195, I, "a", e II, e seus acréscimos legais, decorrentes das sentenças que proferir;

IX – outras controvérsias decorrentes da relação de trabalho, na forma da lei.

X – execução de ofício das contribuições previdenciárias relativas à condenação constante das sentenças que proferir e acordos por ela homologados (art. 114, VIII, da CF) (ver Súmula vinculante 53 STF).

Em regra, será competente para conhecer da *reclamação trabalhista* a Vara do Trabalho ou Juízo de Direito do local da prestação de serviços (CLT, art. 651 e 668).

Excluem-se da competência da Justiça do Trabalho as questões referentes[5] a *previdência social* e *acidentes do trabalho*,[6] bem como questões referentes a servidores públicos estatutários.[7]

1.3 Ministério Público do Trabalho

O *Ministério Público do Trabalho é* um dos ramos do Ministério Público da União, juntamente com o Ministério Público Federal, o Ministério

4. **Ócio forçado. Dano moral, indenização devida**. Exposição à situação vexatória. O desprezo à pessoa e ao seu serviço, além de ferir a dignidade do trabalhador, viola, também, o princípio do valor social do trabalho, garantido pelo art. 1º, IV, da CF (TRT 18ª R, 2ª T., RO 0010426-84.2015.5.18.0013, rel. Des. Marilda Jungmann Gonçalves Daher, j. 26.11.2015).

5. **Autônomo e Profissional liberal**. Com a EC 45/2004, a Justiça do Trabalho teve ampliada sua competência para dirimir controvérsias decorrentes da relação de trabalho em geral, incluindo aí a reclamação do trabalhador autônomo contra o tomador de serviços. No entanto, quanto aos honorários dos profissionais liberais (médicos, advogados, dentistas etc.), o STJ baixou a súmula 363 ("Compete à Justiça estadual processar e julgar a ação de cobrança ajuizada por profissional liberal contra cliente"). Tal orientação está sendo considerada violadora da norma constitucional inscrita no art. 114, IX, da CF pela EC 45.

6. Mesmo após a EC 45/2004, subsiste a competência da Justiça estadual nas causas acidentárias, por danos materiais e/ou morais, contra o INSS ou o empregador, ainda que fundamentadas no direito comum (STF, 2ª T., AgRg no RE 441.038-9-MG, rel. Min. Celso de Mello, j. 22.3.2005; *Boletim AASP* 3.401, Jurisprudência).

7. STF, ADI 3.395-6-DF (*DJU*, 10.11.2006).

Público Militar e o Ministério Público do Distrito Federal (cf. LC 75, de 20.5.1993, Estatuto do Ministério Público da União).

O *Procurador Geral do Trabalho*, chefe da Instituição, é nomeado pelo Procurador Geral da República, mediante lista tríplice elaborada pelo Colégio de Procuradores.

O Ministério Público do Trabalho manifesta-se nos processos trabalhistas por solicitação do juiz, ou por iniciativa própria, quando entender existente *interesse público* que justifique a intervenção (LC 75/93, art. 83, II).

A *intervenção* será obrigatória no segundo e no terceiro graus da Justiça do Trabalho quando a parte for pessoa jurídica de direito público, Estado estrangeiro ou organismo internacional (LC 75/93, art. 83, XIII).

Em caso de greve em atividade essencial, com possibilidade de lesão de interesse público, o Ministério Público do Trabalho poderá ajuizar dissídio coletivo (CF, art. 114, § 3º, na redação da EC 45/2004).

1.4 Dissídios individuais e dissídios coletivos

Dissídios individuais são conflitos de interesses entre *partes determinadas* visando à aplicação concreta de direitos trabalhistas existentes.

Os dissídios individuais podem ser *singulares* (um só autor) ou *plúrimos* (dois ou mais autores). Iniciam-se por *ação trabalhista* perante as Varas do Trabalho, ou Juízos de Direito, onde não houver Varas do Trabalho.

Dissídios coletivos são conflitos entre *categorias profissionais* visando à alteração das condições de trabalho ou à interpretação de norma trabalhista em tese. Iniciam-se perante o Tribunal Regional do Trabalho. Ou perante o Tribunal Superior do Trabalho, se a questão abranger território que exceda os limites de cada Tribunal Regional do Trabalho.

O dissídio coletivo não pode ser proposto se não houver tentativa prévia de solução mediante *negociação direta* entre as categorias interessadas.

DISSÍDIOS
- *individuais*
  - singulares
  - plúrimos
- *coletivos*

1.5 Princípio protecionista

Observa Sérgio Pinto Martins que é difícil especificar os princípios do processo do trabalho. "Cada autor enumera os seus. Em um congresso de processo do trabalho, o tema foi debatido: um autor indicou 20 princípios; outro, 3; e um outro, apenas 1".[8]

Wagner Giglio, da mesma forma, aduz que "cada autor arrola os seus princípios, e poucos são os que coincidem".[9]

Um princípio, porém, é unânime no processo trabalhista: o *princípio protecionista.*

Revela-se este princípio pelo sistema de interpretação e pelas regras de apoio ao trabalhador. Na interpretação vigora o princípio de que na dúvida decide-se a favor do obreiro. E o apoio se concretiza em várias regras favoráveis ao obreiro, como a facilitação de acesso à Justiça, inversão do ônus da prova em certos casos, presunções a ele favoráveis, patrocínio da causa pelo promotor de justiça onde não houver Vara do Trabalho nem sindicato etc.

2. *Processo trabalhista. Dissídios individuais*

2.1 Ação trabalhista. Pedido inicial

A *reclamação trabalhista* pode ser escrita ou verbal, não havendo necessidade de advogado para propor a ação.[10]

A *petição escrita* deve ser apresentada em duas vias, podendo o reclamante ser assistido por advogado, ou por sindicato ou, onde não houver Vara do Trabalho nem sindicato, pelo promotor de justiça ou defensor público (art. 17 da L 5.584/70).[11] Deve ser indicado o valor da causa. Os documentos devem ser apresentados com a inicial.

A *reclamação verbal* pode ser apresentada no setor das reclamações verbais, saindo o reclamante intimado para reduzir a termo o pedido, no prazo de cinco dias, perante a Vara indicada na distribuição, sob pena de perda, por seis meses, do direito de reclamação (arts. 786, parágrafo único, e 731). O termo deve ser em duas vias (art. 840, § 2º). Existe uma praxe, porém – por ser procedimento mais prático –, em que a reclamação verbal é tomada por termo desde logo, procedendo-se depois à distribuição.

8. Sérgio Pinto Martins, *Direito Processual do Trabalho*, p. 75

9. Wagner D. Giglio, *Direito Processual do Trabalho*, São Paulo, Saraiva, 1997, p. 65.

10. Apesar do disposto no art. 133 da CF e no Estatuto da Advocacia, tem-se entendido que se trata de Justiça Especial, com regras especiais, como a apontada.

11. Com a petição inicial, deve-se apresentar também declaração da Comissão de Conciliação Prévia (se houver na localidade da prestação de serviços), atestando que não foi obtida conciliação ou que não se realizou a sessão de conciliação no prazo de 10 dias (art. 625-D, § 2º, da CLT). Mas já se decidiu que a declaração é dispensável. V., adiante, o item 5, *Comissões de Conciliação Prévia.* O documento em cópia pode ser declarado autêntico pelo próprio advogado (art. 830).

2.2 Distribuição

Onde houver mais de uma Vara do Trabalho, ou mais de um Juízo de Direito, faz-se a *distribuição* da reclamação, escrita ou verbal, para uma das Varas ou um dos Juízos de Direito.

Na Justiça do Trabalho considera-se proposta a ação a partir da distribuição (art. 841).

2.3 Redução a termo da reclamação verbal

Após a distribuição, deverá a reclamação verbal ser *reduzida a termo*, se não o foi antes.

2.4 Notificação do requerido

O requerido é *notificado* para comparecer à audiência de julgamento, em dia e hora designados. Faz-se a notificação pelo correio, com a juntada de uma das vias da reclamação escrita, ou do termo da reclamação verbal (art. 841). A notificação também pode ser feita por meio eletrônico (ver adiante, item 7, *Processo eletrônico*).

2.5 Comparecimento à audiência

O *comparecimento pessoal* das partes é obrigatório. A *ausência do autor* acarreta o *arquivamento do pedido. Dois arquivamentos seguidos* acarretam a *perda do direito* de ação trabalhista, por seis meses (art. 732).

Em caso de *doença* ou *motivo grave* poderá o *empregado* fazer-se *representar* na audiência por outro empregado que pertença à mesma profissão, ou pelo seu sindicato (art. 843).

O *não comparecimento pessoal do requerido* importa *revelia* e *confissão* quanto à matéria de fato (art. 844). Não basta o comparecimento de seu advogado. Mas o empregador pode ser *substituído* na audiência pelo gerente ou outro preposto *que tenha conhecimento dos fatos.* O não conhecimento dos fatos pelo preposto equivale à ausência do requerido. De acordo com a jurisprudência, o preposto deve ser empregado da empresa.[12]

12. "Exceto quanto à reclamação de empregado doméstico, ou contra micro ou pequeno empresário, o preposto deve ser necessariamente empregado do reclamado. Inteligência do art. 843, § 1º, da CLT e do art. 54 da Lei Complementar n. 123, de 14 de dezembro de 2006" (Súmula 377 do TST).

Após o depoimento pessoal, quando determinado, pode qualquer dos litigantes retirar-se, prosseguindo a instrução com seu advogado ou representante (art. 848, § 1º).

As partes devem trazer suas testemunhas (até três, para cada parte). As que não comparecerem poderão ser intimadas (art. 825, parágrafo único).

2.6 Parte incontroversa dos salários

Ao comparecer, deve o empregador pagar no ato – se não o fez antes – a *parte incontroversa* das verbas rescisórias, sob pena de acréscimo de 50% (art. 467 da CLT, na redação da L 10.272/2001).

Na revelia do empregador estas verbas passam a ser também incontroversas e sujeitas ao acréscimo (v. Súmula 69 do TST).

2.7 A audiência

A *audiência* é *una* e *contínua.* Mas é comum *fracioná-la.* Tem-se marcado, por exemplo, uma data para a proposta de conciliação e a defesa, outra para a instrução e razões finais, e uma terceira data para a sentença.

2.8 Proposta de conciliação

Na audiência, comparecendo as partes, o primeiro ato será a *tentativa de conciliação.* Se houver acordo encerra-se o processo (art. 846). Não há necessidade de homologação expressa do acordo. O termo de acordo vale como decisão final irrecorrível.

2.9 Fixação do valor da causa

Se não houver acordo, o juiz, antes de iniciar a instrução, deverá fixar o *valor da causa,* se a inicial for omissa ou indeterminada (L 5.584/70).

2.10 Valor de alçada (simplificação do procedimento)

As *causas de valor até dois salários mínimos* são de alçada exclusiva das Varas do Trabalho ou Juízos de Direito.

Dá-se aí uma simplificação do procedimento, ou, como preferem alguns autores, uma derivação para um *rito sumário.* Da ata da audiência não precisará constar o resumo dos depoimentos das partes e das testemunhas, bastando a conclusão da Vara quanto à matéria de fato. E, no caso, das sentenças não caberá recurso algum, salvo em matéria constitucional

(L 5.584/70; CLT, art. 851, § 1º. V., adiante, item 4, *Procedimento sumariíssimo*, p. 164).

"A alçada é fixada pelo valor dado à causa na data de seu ajuizamento, desde que não impugnado, sendo inalterável no curso do processo" (Súmula 71 do TST).

Se no andamento do processo houver fixação, pelo juiz, do valor da causa, poderá a parte oferecer impugnação; e, se mantido o valor, caberá pedido de revisão ao presidente do Tribunal Regional, em 48 horas.

2.11 *Defesa escrita ou oral*

Após a conciliação, e não tendo havido acordo, o requerido terá 20 minutos para fazer sua *defesa*, logo depois da leitura da reclamação, quando esta não for dispensada pelas partes (art. 847). Pode a defesa ser apresentada *por escrito*.

2.12 *Fase probatória*

Vem em seguida a *fase probatória*, ouvindo-se as partes, se assim tiver sido requerido, bem como as testemunhas.

"I – Aplica-se a confissão à parte que, expressamente intimada com aquela cominação, não comparecer à audiência em prosseguimento, na qual deveria depor. II – A prova pré-constituída nos autos pode ser levada em conta para confronto com a confissão ficta (arts. 442 e 443, do CPC/2015), não implicando cerceamento de defesa o indeferimento de provas posteriores (ex-OJ n. 184 da SBDI-1 – inserida em 8.11.2000). III – A vedação à produção de prova posterior pela parte confessa somente a ela se aplica, não afetando o exercício, pelo magistrado, do poder/dever de conduzir o processo (Súmula 74, do TST).

Findo o depoimento pessoal, poderá qualquer dos litigantes retirar-se, prosseguindo a instrução com seu representante (art. 848, § 1º).

Podem ser realizadas perícias. Pode dar-se a inspeção judicial, que consiste em diligência pessoal do juiz para examinar pessoa ou coisa, onde for necessário. Pode o juiz determinar a ouvida de testemunhas referidas nos autos, além das indicadas pelas partes.

2.13 *Razões finais*

Terminada a instrução, têm as partes 10 minutos, cada uma, para apresentar suas razões finais (art. 850), oralmente ou por escrito.

2.14 Segunda proposta de conciliação

A conciliação pode dar-se a qualquer tempo. Mas a lei impõe que a conciliação seja proposta em dois momentos específicos: na abertura da audiência (art. 846) e após as razões finais (art. 850).

Havendo acordo encerra-se o processo.

2.15 Sentença

Não tendo havido acordo, o juiz profere a decisão.

2.16 "Ultra petita". "Infra petita". "Extra petita"

A sentença não pode decidir além do que foi pedido (*ultra petita*), nem aquém do pedido (*infra petita*), nem fora da questão proposta na inicial (*extra petita*). Para alguns autores, no processo trabalhista esses princípios são mitigados. Como exemplos citam o pagamento em dobro de salários incontroversos, embora não pedidos na inicial (art. 467) (*ultra petita*), e a indenização em dobro do empregado estável no caso de ser desaconselhável a reintegração (art. 496) (*extra petita*).

2.17 Petições por fac símile

As *petições* que se fizerem necessárias no curso do processo podem ser transmitidas por *fac símile* (do latim *fac*, imperativo de *facio*, e *similis*, *e*, feito à semelhança de).

É permitida a transmissão eletrônica de petições, com a entrega dos originais em até cinco dias da data do término do prazo respectivo. Os juízes poderão praticar atos de sua competência à vista destas transmissões (L 9.800, de 26.5.1999).

ESQUEMA DO PROCESSO TRABALHISTA

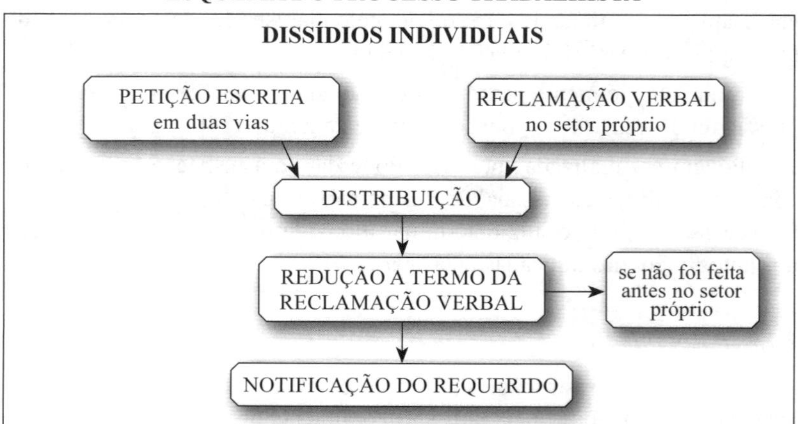

AUDIÊNCIA

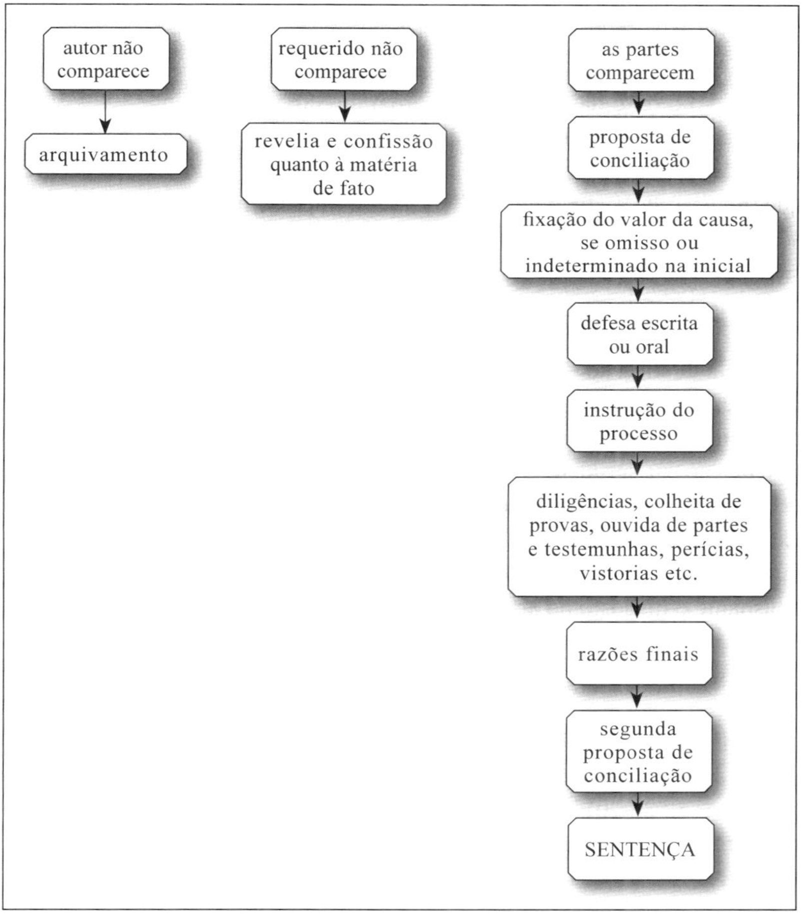

Nas causas cujo valor não excede dois salários mínimos (valor de alçada) o resumo dos depoimentos não precisa constar da ata e a sentença será irrecorrível, salvo em matéria constitucional.

3. *Recursos*

3.1 Geral

Os *recursos trabalhistas* têm *sistemática própria*, com o aproveitamento, no que couber, de regras do processo civil bem como de recursos adicionais, previstos no Código de Processo Civil.

3.1.1 Advogado

De acordo com o art. 791 da CLT, a própria parte pode interpor recurso sem assistência de advogado. No entanto, estabelece a Súmula 425 do TST que o direito das partes postularem diretamente restringe-se às Varas do Trabalho e aos TRTs, não alcançando a ação rescisória, a ação cautelar, o mandado de segurança e os recursos de competência do TST. É pacífico que, no caso de recurso ao STF ou STJ, é imprescindível a assistência de advogado.

3.1.2 Decisões interlocutórias

"Na Justiça do Trabalho, nos termos do art. 893, § 1º, da CLT, as decisões interlocutórias não ensejam recurso imediato, salvo nas hipóteses de decisão: a) de Tribunal Regional do Trabalho contrária à Súmula ou Orientação Jurisprudencial do Tribunal Superior do Trabalho; b) suscetível de impugnação mediante recurso para o mesmo Tribunal; c) que acolhe exceção de incompetência territorial, com a remessa dos autos para Tribunal Regional distinto daquele a que se vincula o juízo excepcionado, consoante o disposto no art. 799, § 2º, da CLT" (Súmula 214 do TST).

3.1.3 Valor de alçada[13]

Também *é irrecorrível* a sentença dada em processo de *valor não superior a dois salários mínimos*, salvo em matéria constitucional (art. 2º, § 4º, da L 5.584/70). O valor é o do momento da propositura da ação, não se alterando no decorrer do processo (Súmula 71 do TST).

3.1.4 Efeito dos recursos

Salvo exceções, os recursos são recebidos com o *efeito meramente devolutivo*, ou seja, o processo não se suspende por causa do recurso, podendo prosseguir com a execução provisória, até a penhora (art. 899).

O termo "devolutivo" não é empregado, aqui, no sentido comum de restituição, mas de transferência, remessa ou entrega do assunto ao Tribunal.

13. Não se aplica a alçada para ação rescisória e em mandado de segurança (Súmula 365 do TST).

3.1.5 Pressupostos subjetivos e objetivos

Pressupostos subjetivos dos recursos são a *legitimidade* e o *interesse.* Pode recorrer o *vencido*, total ou parcialmente, ou quem tenha interesse jurídico, como o *terceiro prejudicado.*

Pressupostos objetivos são a *previsão legal*, a *tempestividade* (interposição no prazo), o *pagamento das custas* e o *depósito do valor da condenação*, nos limites do estabelecido no art. 899 e parágrafos da CLT.

Se houver *sucessão de recursos*, com alterações do valor da condenação, deverão ser feitos *novos depósitos*, complementares, se for o caso, e se não alcançado o limite da quantia exequenda (Instrução Normativa TST-3/93, item IV, "c").

O depósito, no caso de agravo de instrumento, corresponde a 50% do valor do depósito do recurso ao qual se pretende destrancar (§ 7º do art. 899).

PRESSUPOSTOS DOS RECURSOS
- Subjetivos
  - legitimidade
  - interesse
- Objetivos
  - previsão legal
  - tempestividade
  - custas
  - depósito (salvo nos *agravos de petição* e *de instrumento)*

3.1.6 Fungibilidade dos recursos

A interposição de um recurso por outro não impede seu conhecimento desde que não haja *erro grosseiro* e que o recurso que seria o cabível ainda esteja dentro do *prazo.*

3.1.7 Interposição por *fax*

É permitida a *transmissão eletrônica de petições*, com a entrega dos originais em até cinco dias da data do término do prazo respectivo (L 9.800/99) (v. adiante, item 7, *Processo eletrônico*).

3.1.8 Juízo *a quo*. Juízo *ad quem*

Juízo *a quo* é o Juízo de cuja decisão se recorre. Juízo *ad quem* é o Juízo a quem se recorre e que irá julgar o recurso.

3.1.9 Juntada de documentos

"A juntada de documentos na fase recursal só se justifica quando provado o justo impedimento para sua oportuna apresentação ou se referir a fato posterior à sentença" (Súmula 8 do TST).

3.1.10 Privilégios de entes públicos

A União, os Estados, o Distrito Federal, os Municípios e as autarquias ou fundações de direito público que não explorem atividades econômicas têm prazo em dobro para recurso, dispensa de depósito e podem pagar as custas a final, salvo quanto à União, que não as pagará. E das decisões que lhes sejam total ou parcialmente contrárias cabe recurso de ofício (DL 779/69).

3.2 Recursos da CLT

Constam da CLT o recurso ordinário, o recurso de revista, os embargos, o agravo de petição e o agravo de instrumento.

3.2.1 Recurso ordinário

O recurso ordinário corresponde à apelação cível, abrangendo toda a matéria de fato e de direito impugnada. Pode ser interposto da Vara do Trabalho ou do Juízo de Direito para o Tribunal Regional do Trabalho, no prazo de oito dias (art. 895). Cabe também em ações de competência originária de Tribunais, conforme exposto adiante (item 3.5).

O prazo para o recurso conta-se da intimação em audiência (art. 852). No caso de revelia, ou se o juiz não juntar a ata de audiência ao processo em 48 horas, ou se não fixada a data para a prolação da sentença, conta-se o prazo a partir da intimação pelo correio (Súmula 30 do TST).

Súmula 16 do TST: "Notificação. Presume-se recebida a notificação 48 horas depois de sua postagem. O seu não recebimento ou a entrega após o decurso desse prazo constitui ônus de prova do destinatário" (redação da Resol. 121/2003, *DJU* 19.11.2003).

Conta-se o prazo a partir da *publicação da sentença* para a parte que, embora intimada, não compareceu à audiência em prosseguimento para a prolação da mesma (Súmula 197 do TST).

3.2.2 Recurso de revista[14]

Do acórdão proferido em grau de recurso pelo Tribunal Regional do Trabalho, em dissídio individual, cabe recurso de revista para uma das Turmas do Tribunal Superior do *Trabalho* (art. 896). *Prazo de oito dias* a partir da *publicação do acórdão.*

Fundamentam o recurso de revista os seguintes *motivos*:

I – *Divergência na interpretação de lei federal* (art. 896, "a"). A divergência pode ocorrer entre a decisão impugnada e a decisão de outro Tribunal Regional do Trabalho, no seu Pleno ou Turma, ou a SDI-Seção Especializada em Dissídios Individuais do Tribunal Superior do Trabalho, ou Súmula do Tribunal Superior do Trabalho.

II – *Violação de lei federal ou da Constituição Federal* (art. 896, "c").

III – *Outras divergências de interpretação* (art. 896, "b"). Nesta categoria entra a divergência de interpretação de lei estadual, convenção coletiva de trabalho, acordo coletivo ou sentença normativa, desde que sejam de observância obrigatória em área territorial que ultrapasse a jurisdição do Tribunal Regional do Trabalho prolator da decisão recorrida.

Não cabe a Revista se a *divergência jurisprudencial* já estiver *superada.* "Não ensejam recurso de revista decisões superadas por iterativa, notória e atual jurisprudência da Seção Especializada em Dissídios Individuais" (Súmula 333 do TST) (art. 896, § 5º).

A *divergência jurisprudencial* deve ser minudentemente *comprovada*: "Comprovação de divergência. Recursos de revista e de embargos. I – Para comprovação da divergência justificadora do recurso, é necessário que o recorrente: a) junte certidão ou cópia autenticada do acórdão paradigma ou cite a fonte oficial ou o repositório autorizado em que foi publicado; e b) transcreva, nas razões recursais, as ementas e/ou trechos dos acórdãos trazidos à configuração do dissídio, demonstrando o conflito de teses que justifique o conhecimento do recurso, ainda que os acórdãos já se encontrem nos autos ou venham a ser juntados com o recurso. (...). III – A mera indicação da data de publicação, em fonte oficial, de aresto paradigma é inválida para comprovação de divergência jurisprudencial, nos termos do item I, 'a', desta súmula,

14. V. IN TST-17, sobre a interpretação da L 9.756/1998, com relação ao recurso de revista, e IN TST-23, sobre os padrões formais a serem observados nas petições de recurso de revista.

quando a parte pretende demonstrar o conflito de teses mediante a transcrição de trechos que integram a fundamentação do acórdão divergente, uma vez que só se publicam o dispositivo e a ementa dos acórdãos; IV – É válida para a comprovação da divergência jurisprudencial justificadora do recurso a indicação de aresto extraído de repositório oficial na internet, desde que o recorrente: a) transcreva o trecho divergente; b) aponte o sítio de onde foi extraído; e c) decline o número do processo, o órgão prolator do acórdão e a data da respectiva publicação no *Diário Eletrônico da Justiça do Trabalho* (Res. 185/2012, *DEJT* divulgado em 25, 26 e 27.9.2012).

O recurso de revista abrange exclusivamente *matéria de direito*, e não matéria de fato (Súmula 126 do TST).

Outro ponto importante é o *prequestionamento*. A questão, para fundamentar a revista, já deve ter sido previamente abordada na decisão anterior impugnada, inclusive com a interposição de embargos declaratórios objetivando o pronunciamento sobre o tema (Súmulas 184 e 297 do TST).

3.2.3 Embargos

Do *acórdão proferido por uma das Turmas do Tribunal Superior do Trabalho* cabem *embargos para a SDI* (Seção de Dissídios Individuais) do mesmo TST, no *prazo* de *oito dias*.[15]

Antigamente a competência era do Pleno do TST, como figurava no art. 894 da CLT, competência, porém, transferida para a SDI do Tribunal, por força da L 7.701/88 (art. 3º, III, "b"), conforme acima consignado. Fundamentam os embargos os seguintes *motivos*:

I – Divergência jurisprudencial entre as Turmas do TST, ou destas com a SDI, ou com Súmula.

II – Violação de lei federal ou da Constituição Federal.

Não cabem embargos em *divergência já superada* (Súmula 333 do TST). Só se pode discutir *matéria de direito* (Súmula 126 do TST).

É necessário o *prequestionamento* da matéria (Súmulas 184 e 297 do TST). É necessária a *comprovação minudente da divergência* (Súmulas 296 e 337 do TST).

Na lição de Lúcio Rodrigues de Almeida, "assim como o recurso de revista, os embargos, aqui tratados, têm a missão de uniformizar a juris-

15. Cf. L 7.701/88, art. 3º, III; RITST, art. 32, III, "b".

prudência trabalhista: a revista, em relação aos Tribunais Regionais; e os embargos, em relação às Turmas do Tribunal Superior do Trabalho".[16]

O recurso de embargos tem a característica de ser conhecido e decidido pelo mesmo juízo que proferiu a decisão recorrida, embora, conforme o caso, por uma outra esfera do mesmo juízo. Na espécie em exame o acórdão impugnado é proferido por determinada Turma do TST e o recurso é decidido por uma Seção (SDI), do mesmo Tribunal.

3.2.4 Agravo de petição

O *agravo de petição* cabe apenas na *execução trabalhista* (art. 897, "a"). É interposto contra *decisões do juiz* e no *prazo* de *oito dias.*

O agravo de petição pode ser interposto nos provimentos que causem prejuízo a uma das partes no *processo de execução*, como, por exemplo, a declaração da subsistência ou não da penhora realizada, e ainda em *decisões executórias definitivas ou terminativas*, cabendo também nas *sentenças dadas nos embargos do devedor ou de terceiro.* Tudo no decorrer ou no fim do processo de execução.

Característica dos recursos de agravo é a possibilidade de o juiz *reformar sua decisão*, ao invés de remeter o assunto à instância superior. A essa faculdade, dentro do recurso de agravo, dá-se o nome de *juízo de retratação.*

Assim, recebido o agravo de petição nos autos e colhida a manifestação do agravado, em oito dias, pronuncia-se o juiz, reformando ou mantendo sua decisão.

Se o juiz mantiver a decisão os autos subirão à instância superior. Se o juiz modificar sua decisão deverá ser facultado ao agravado propor agravo, também.

3.2.5 Agravo de instrumento

O *agravo de instrumento trabalhista* não se confunde com o *agravo de instrumento do processo civil.*

Como bem observou Giglio, "trata-se, a toda evidência, de recursos diferentes, que coincidem apenas no nome".[17]

16. Lúcio Rodrigues de Almeida, *Guia do Processo do Trabalho*, Rio de Janeiro, AIDE, 1998, p. 236.

17. Wagner D. Giglio, *Direito Processual do Trabalho*, 10ª ed., São Paulo, Saraiva, 1997, p. 424.

O *agravo de instrumento trabalhista* cabe somente dos *despachos que denegarem a interposição de recursos* (art. 897, "b", da CLT).

O *agravo de instrumento cível* cabe de algumas *decisões interlocutórias* (art. 1.015 do CPC), nada tendo, portanto, com a área trabalhista, onde as decisões interlocutórias, em princípio, são irrecorríveis (art. 893, § 1º, da CLT e Súmula 214 do TST). Não valem, portanto, na espécie, as comparações que às vezes são feitas, inadvertidamente, com o agravo de instrumento do processo civil.

O agravo de instrumento trabalhista guarda mais semelhança com a *carta testemunhável* prevista no art. 639 do Código de Processo Penal, a qual serve para fazer receber ou fazer andar um outro recurso.[18]

A *Instrução Normativa TST*-16/99 (*DJU*, I, de 3.9.99, p. 249) regulamentou minuciosamente o agravo de instrumento trabalhista (revogando a anterior Instrução Normativa 6/96).

O agravo é dirigido *à autoridade judiciária* prolatora do despacho agravado, no *prazo* de *oito dias* de sua intimação, sendo processado em *autos apartados*.

INSTRUÇÃO NORMATIVA N. 16/99, DO TST[19]

Uniformiza a interpretação da Lei n. 9.756, de 17.12.1998, com relação ao agravo de instrumento.

I – O agravo de instrumento se rege, na Justiça do Trabalho, pelo art. 897, alínea "b", §§ 2º, 4º, 5º, 6º e 7º, da Consolidação das Leis do Trabalho, pelos demais dispositivos do direito processual do trabalho e, no que omisso, pelo direito processual comum, desde que compatível com as normas e princípios daquele, na forma desta Instrução.

a) Não se aplicam aos agravos de instrumento opostos antes de 18.12.1998, data da publicação da Lei 9.756, as disposições desse diploma legal, salvo aquelas relativas ao cancelamento da possibilidade de concessão de efeito suspensivo à revista.

II – Limitado o seu cabimento, no processo do trabalho, aos despachos que denegarem a interposição de recurso (art. 897, alínea "b", da CLT), o agravo de instrumento será dirigido à autoridade judiciária prolatora do despacho agravado, no prazo de 8 (oito) dias de sua intimação, e processado em autos apartados.

§ 1º. *Revogado pela Resolução Administrativa* 930/2003.

18. *CLT, art.* 897, *"b"*: Cabe agravo de instrumento dos despachos que denegarem a interposição de recursos.

CPP, art. 639, *I*: Dar-se-á carta testemunhável da decisão que denegar o recurso.

CPC, art. 522: Das decisões interlocutórias caberá agravo, retido nos autos ou por instrumento.

19. Com as modificações introduzidas pela Resolução 113/2002 (*DJU* 4.12.2002, Seção I, p. 868).

§ 2º. *Revogado pela Resolução Administrativa* 930/2003.

III – O agravo não será conhecido se o instrumento não contiver as peças necessárias para o julgamento do recurso denegado, incluindo a cópia do respectivo arrazoado e da comprovação de satisfação de todos os pressupostos extrínsecos do recurso principal.

IV – O agravo de instrumento, protocolizado e autuado, será concluso ao Juiz prolator do despacho agravado, para reforma ou confirmação da decisão impugnada, observada a competência estabelecida nos artigos 659, inciso VI, e 682, inciso IX, da CLT.

V – Será certificada nos autos principais a interposição do agravo de instrumento e a decisão que determina o seu processamento ou a decisão que reconsidera o despacho agravado.

VI – Mantida a decisão agravada, será intimado o agravado a apresentar contra-razões relativas ao agravo e, simultaneamente, ao recurso principal, juntando as peças que entender necessárias para o julgamento de ambos, encaminhando-se, após, os autos do agravo ao Juízo competente.

VII – Provido o agravo, o órgão julgador deliberará quanto ao julgamento do recurso destrancado, observando-se, daí em diante, o procedimento relativo a tal recurso, com designação de relator e de revisor, se for o caso.

VIII – Da certidão de julgamento do agravo provido constará o resultado da deliberação relativa à apreciação do recurso destrancado.

IX – As peças trasladadas conterão informações que identifiquem o processo do qual foram extraídas, autenticadas uma a uma, no anverso ou verso. Tais peças poderão ser declaradas autênticas pelo próprio advogado, sob sua responsabilidade pessoal. Não será válida a cópia de despacho ou decisão que não contenha a assinatura do Juiz prolator, nem as certidões subscritas por serventuário sem as informações acima exigidas.

X – Cumpre às partes providenciar a correta formação do instrumento, não comportando a omissão em conversão em diligência para suprir a ausência de peças, ainda que essenciais.

XI – O agravo de instrumento não requer preparo.

XII – A tramitação e o julgamento de agravo de instrumento no Juízo competente obedecerão à disciplina legal e ao constante dos respectivos Regimentos Internos.

XIII – O agravo de instrumento de despacho denegatório de recurso extraordinário obedecerá à disciplina especial, na forma de Resolução da Suprema Corte.

XIV – Fica revogada a Instrução Normativa 6.

3.3 Recursos de normas esparsas

Em *normas esparsas* temos a *revisão do valor da causa*, o *recurso de ofício*, os *agravos regimentais* e a *correição parcial*.

3.3.1 Revisão do valor da causa

Cabe *revisão do valor da causa* se, em razões finais, qualquer das partes impugnar o valor fixado pelo juiz durante o processo, e o juiz o mantiver. O *prazo* é de *48 horas*. O pedido de revisão é endereçado ao *Presidente do Tribunal Regional* (L 5.584/70, art. 2º, § 1º).

3.3.2 Duplo grau de jurisdição

"I – Em dissídio individual, está sujeita ao duplo grau de jurisdição, mesmo na vigência da CF/1988, decisão contrária à Fazenda Pública, salvo: a) quando a condenação não ultrapassar o valor correspondente a 60 salários mínimos; b) quando a decisão estiver em consonância com decisão plenária do Supremo Tribunal Federal ou com súmula ou orientação jurisprudencial do Tribunal Superior do Trabalho. II – Em ação rescisória, a decisão proferida pelo juízo de primeiro grau está sujeita ao duplo grau de jurisdição obrigatório quando desfavorável ao ente público, exceto nas hipóteses das alíneas "a" e "b" do inciso anterior. III – Em mandado de segurança, somente cabe remessa *ex officio* se, na relação processual, figurar pessoa jurídica de direito público como parte prejudicada pela concessão da ordem. Tal situação não ocorre na hipótese de figurar no feito como impetrante e terceiro interessado pessoa de direito privado, ressalvada a hipótese de matéria administrativa" (Súmula 303 do TST).

3.3.3 Agravos regimentais

Os agravos regimentais constituem modalidades de recursos contidos nos regimentos internos dos Tribunais. No TST, por exemplo, cabe agravo regimental do despacho do relator que nega prosseguimento a recurso (art. 235, VII, do RITST, de 2008).

3.3.4 Correição parcial (Reclamação correicional)

Cabe correição parcial contra atos do juiz que tumultuem o processo, em prejuízo da parte, quando não houver, no caso, recurso específico, ou no retardamento exagerado e injustificado de atos judiciais. A reclamação correicional consta do art. 13 do Regimento Interno da Corregedoria Geral da Justiça do Trabalho, de 2011.[20]

Há dúvidas na doutrina sobre se a correição parcial constitui *recurso processual* ou *medida administrativa.* Consideramos que se trata de recurso, pois visa à correção do procedimento dentro do processo.

20. "Art. 13. A reclamação correicional é cabível para corrigir erros, abusos e atos contrários à boa ordem processual e que importem em atentado a fórmulas legais de processo, quando para o caso não haja recurso ou outro meio processual específico."

3.4 Recursos do Código de Processo Civil

Dos recursos previstos no CPC têm sido aplicados na área trabalhista o recurso adesivo, os embargos declaratórios e o recurso extraordinário.

3.4.1 Recurso adesivo

Havendo procedência parcial da ação, ambas as partes, em tese, podem recorrer, nos pontos que lhes foram desfavoráveis na sentença.

Se apenas uma das partes recorrer, pode a outra, que não tinha recorrido, recorrer também, *adesivamente*, no *prazo das contra-razões*, evitando, assim, ser prejudicada pelo conformismo inicial.

O recurso adesivo não é, portanto, um recurso em si, mas uma adesão à oportunidade recursal aproveitada pelo outro.

Trata do recurso adesivo o art. 997 e parágrafos do Código de Processo Civil.

"O recurso adesivo é compatível com o processo do trabalho, onde cabe, no prazo de oito dias, nas hipóteses de interposição de recurso ordinário, de agravo de petição, de revista e de embargos, sendo desnecessário que a matéria nele veiculada esteja relacionada com a do recurso interposto pela parte contrária" (Súmula 283 do TST).

O nome do recurso adesivo não é adequado, por não indicar muito claramente sua real função. Melhor seria chamá-lo de contra-recurso, como referido por Theotonio Negrão.

3.4.2 Embargos declaratórios

Os embargos declaratórios constituem recurso que serve para pedir um esclarecimento ou a manifestação sobre determinado ponto da decisão.

Cabem embargos de declaração de sentença ou acórdão[21] para esclarecer obscuridade, eliminar contradição, suprir omissão de ponto ou questão sobre o qual devia se pronunciar o juiz de ofício ou a requerimento e, também, para corrigir erro material (art. 1.022 do CPC).

21. **Qualquer decisão judicial?** O art. 897-A da CLT restringe o cabimento dos embargos declaratórios aos casos de *sentença ou acórdão*, conforme o tradicional sistema trabalhista, que posterga a reavaliação das decisões interlocutórias para o momento do recurso contra a decisão definitiva (art. 893, § 1º, da CLT). No entanto, o CPC/2015 ampliou muito o leque dos embargos declaratórios, que agora cabem em qualquer decisão judicial (art. 1.022) que contenha obscuridade, contradição, omissão ou erro material. Como os embargos declaratórios não têm índole propriamente recursal, mas pretendem apenas esclarecimento ou complemento da decisão, a tendência é a adoção da abrangência ampliada também no Processo do Trabalho.

Os embargos interrompem o prazo para a interposição de outro recurso por qualquer das partes (art. 1.026 do CPC).

Os embargos serão opostos em 5 dias, a contar da intimação da decisão (art. 1.003 do CPC), em petição com indicação do erro, obscuridade, contradição ou omissão. Não há preparo.

Após, o embargado será intimado para, querendo, manifestar-se, em igual prazo, se o juiz vislumbrar que o eventual acolhimento implicará modificação da decisão embargada (art. 1.023, § 2º, do CPC).

Se os embargos de declaração forem considerados *protelatórios*, o embargante será *multado* em até 2% sobre o valor atualizado da causa, ou em até 10%, na reiteração (art. 1.026, §§ 2º e 3º, do CPC).

Mas "embargos de declaração manifestados com notório propósito de prequestionamento não têm caráter protelatório" (Súmula 98 do STJ).

Como vimos, o *prequestionamento* por meio de embargos declaratórios serve para pedir a manifestação do julgador sobre ponto não tratado na decisão, com a finalidade de poder este ponto ser novamente examinado na instância superior.

3.4.3 Recurso extraordinário

O *recurso extraordinário*, para o Supremo Tribunal Federal, é o que pode ser interposto nas *causas decididas em única ou última instância* quando a decisão recorrida contiver *ofensa à Constituição Federal* (art. 102, III, da CF).

Regula-se pelos arts. 1.029 a 1.041 do Código de Processo Civil. *Prazo*: 15 dias (art. 1.003, § 5º, do CPC).

3.5 Recursos nas ações de competência originária dos Tribunais

Certas *ações* são de *competência originária dos Tribunais*, sendo propostas e decididas diretamente na instância superior, sem passar pelas Varas do Trabalho ou Juízos de Direito.

Competem originariamente aos *Tribunais Regionais do Trabalho*, por exemplo, os *dissídios coletivos*, os *mandados de segurança* e as *ações rescisórias* (art. 678, I).

Dentro desta competência originária dos Tribunais põe-se também um elenco de recursos, como o *recurso ordinário* para o Tribunal Superior do Trabalho, das decisões definitivas ou terminativas dos Tribunais Regionais, em processos de sua competência originária, no prazo de oito dias, quer nos dissídios individuais, quer nos dissídios coletivos (art. 895, II, da CLT); os *embargos infringentes* para a Seção de Dissídios Coletivos-SDC de decisões não unânimes em dissídio coletivo, de sua competência originária (L 7.701/88, art. 2º, II, "c"), bem como os *agravos regimentais*, próprios de cada Tribunal.

Nesta esfera, da instância superior, cabem também os *embargos de declaração*, para o esclarecimento ou complementação de julgados, o *agravo de instrumento*, para o destrancamento de recursos denegados, o *recurso adesivo* e o *recurso extraordinário*.

QUADRO DE RECURSOS

RECURSOS DA CLT (prazo 8 dias, em todos)	
Recurso ordinário (art. 895)	matéria de fato e de direito; da Vara para o TRT
Recurso de revista (art. 896)	divergência jurisprudencial; do TRT para Turma do TST
Embargos (art. 894)	divergência jurisprudencial; da Turma do TST para a SDI
Agravo de petição (art. 897, "a")	só nas execuções; da Vara para o TRT
Agravo de instrumento (art. 897, "b")	só na denegação de recurso; da Vara para o TRT
(Em relação aos recursos possíveis de uma ação iniciada na primeira instância)	

RECURSOS DE NORMAS ESPARSAS

Revisão do valor da causa (L 5.584/70)	prazo 48 horas
Recurso de ofício (DL 779/69)	prazo 8 dias
Correição parcial (Regimento Interno da Corregedoria-Geral da Justiça do Trabalho, art. 13)	prazo 5 dias
Agravos regimentais	nos Regimentos Internos dos Tribunais

RECURSOS DO CPC

Recurso adesivo (art. 997, § 1º)	Prazo igual ao da resposta ao recurso da outra parte (art. 997, § 2º)
Embargos declaratórios (art. 1.022) para esclarecimento de sentença ou acórdão	Prazo 5 dias (art. 1.023)
Recurso extraordinário (arts. 1.029, CPC, e 1029, CPC, e 102, III, da CF)	Prazo 15 dias (art. 1.003, § 5º)

4. Procedimento sumariíssimo

O *procedimento sumariíssimo* aplica-se nos dissídios individuais não excedentes a 40 salários mínimos (L 9.957, de 12.1.2000, que acrescentou dispositivos à CLT).

O pedido deve ser certo e determinado. Não há citação edital. A decisão deve ser dada em 15 dias, numa única audiência, ou, no caso de interrupção da audiência, em 30 dias.

Proposta de conciliação na abertura da audiência. Não obtida a conciliação segue a colheita das provas, permitidas apenas duas testemunhas para cada parte. A testemunha poderá ser intimada, se não comparecer, apesar de comprovadamente convidada. Perícias, só as necessárias ou legalmente impostas. As atas serão resumidas. A sentença dispensa o relatório.

O juiz pode limitar ou excluir provas que considerar excessivas, impertinentes ou protelatórias (art. 852-D da CLT).

Quanto aos recursos, o ordinário é simplificado, não tendo revisor, e o recurso de revista é restrito às hipóteses de inconstitucionalidade ou contrariedade a súmula do TST. Cabem embargos de declaração.

Não se aplica o sumariíssimo nas demandas em que é parte a Administração Pública, direta, autárquica e fundacional.

5. Comissões de Conciliação Prévia-CCPs

Comissões de Conciliação Prévia-CCPs são entidades destinadas à conciliação prévia de qualquer demanda trabalhista individual (L 9.958, de 12.1.2000, que acrescentou dispositivos à CLT).

As CCPs podem ser instituídas pelas empresas ou grupo de empresas e pelos sindicatos, isoladamente, ou em cooperação intersindical. São de criação facultativa. Mas, uma vez instaladas, passam a ser obrigatórias, como degrau prévio (ou condição de procedibilidade) sempre que existirem na localidade da prestação de serviços (art. 625-D da CLT).[22]

O interessado, ao propor qualquer ação trabalhista, deverá juntar declaração da CCP, certificando que não se obteve o acordo, ou que a sessão de tentativa de acordo não se realizou no prazo legal de 10 dias, contados da provocação inicial.

A composição das CCPs é paritária, com representantes dos empregados e dos empregadores. Nas empresas, terão de dois a dez membros com mandato de um ano, permitida uma recondução, metade indicada pelo empregador e a outra metade eleita pelos empregados, em escrutínio secreto, fiscalizado pelo sindicato da categoria.

Os membros titulares e suplentes da CCP têm estabilidade provisória, até um ano após o final do mandato, salvo em caso de falta grave (art. 625-B, § 1º, da CLT).

No âmbito dos sindicatos, a criação e o funcionamento das CCPs são definidas em convenção ou acordo coletivo (art. 625-C, da CLT), desde que mantida sempre a paridade de representantes dos empregados e dos empregadores.

O termo de conciliação lavrado pela CCP é um *título executivo extrajudicial*, sendo assim praticamente equivalente a uma sentença homologatória. As questões fixadas no acordo não podem mais ser discutidas, salvo quanto às parcelas expressamente ressalvadas.

6. Processo trabalhista. Dissídios coletivos

Os *dissídios coletivos* tratam de *interesses de categorias profissionais e econômicas.*

Os dissídios coletivos podem ser (art. 220 RITST/2008):

22. A exigência tem sabor de inconstitucionalidade, posto que a lei não excluirá da apreciação do Poder Judiciário lesão ou ameaça a Direito (art. 5º, XXXV, da CF). Já se decidiu que o magistrado pode conhecer diretamente da reclamação trabalhista, sem necessidade de prévia submissão à CCP (Juiz Corregedor do TRT da 2ª Região, Prov. CR 55/2000).

- ***Econômicos***. Discutem normas e condições do trabalho;
- ***Jurídicos***. Versam sobre interpretação e aplicação de normas, sentenças normativas, instrumentos de negociação coletiva, acordos e convenções coletivas e de atos normativos;
- ***Originários***. Quando inexistentes ou em vigor normas e condições especiais de trabalho, decretadas em sentença normativa;
- ***Revisionais***. Reavaliam normas e condições coletivas de trabalho preexistentes, que se hajam tornado injustas ou ineficazes pela modificação das circunstâncias;
- ***Declaratórios***. Versam sobre a paralisação do trabalho decorrente de greve.

Sentenças normativas, ensina Lúcio Rodrigues de Almeida, "são as decisões proferidas pelos Tribunais Regionais e pelo Tribunal Superior do Trabalho em dissídios coletivos".[23]

Podem propor dissídio coletivo os *sindicatos* e, na falta destes, as *federações* e *confederações* (art. 857, CLT).

Os *empregadores* também podem propor dissídio coletivo quando não haja entidade sindical representativa ou os interesses em conflito sejam particularizados (RITST, de 1993, art. 311).

"Em face de pessoa jurídica de direito público que mantenha empregados, cabe dissídio coletivo exclusivamente para apreciação de cláusulas de natureza social. Inteligência da Convenção n 151 da Organização Internacional do Trabalho, ratificada pelo Decreto Legislativo n. 206/2010" (OJ n. 5, da SDC).

Se ocorrer *paralisação do trabalho*, pode o dissídio ser instaurado pela *Justiça do Trabalho*, de ofício ou a requerimento do Ministério Público (art. 876, CLT).

Antes de suscitar o dissídio coletivo deve o suscitante tentar a solução da divergência ou pretensão por meio de *convenção coletiva* (negociação entre sindicatos) ou *acordo coletivo* (negociação entre sindicato e uma ou mais empresas).[24] Trata-se de *pré-requisito* para a propositura do dissídio.

23. Lúcio Rodrigues de Almeida, *Guia do Processo do Trabalho*, Rio de Janeiro, AIDE, 1998, p. 171.

24. Regula-se o dissídio coletivo pelos arts. 114 da CF e 856 a 875 da CLT, pela L 7.701/88, pelo D 1.572/95 e pelo RITST/2008.

Sobre *convenção* e *acordo coletivo*, neste livro, v. Cap. I, item 2.3.3. Sobre *direito de greve*, *v.* Cap. XVI deste livro.

Frustrada a negociação coletiva, as partes poderão eleger árbitros, facultativamente (art. 114, § 1º, da CF), ou solicitar ao Ministério do Trabalho a designação de mediador (D 1.572/95).

Recusando-se qualquer das partes à negociação coletiva ou à arbitragem, é facultado às mesmas, *de comum acordo*, ajuizar dissídio coletivo (art. 114, § 2º, da CF, com a redação da EC 45/2004). A expressão "de comum acordo" tem suscitado controvérsia. Uma corrente doutrinária entende que somente é possível intentar dissídio coletivo por petição conjunta das duas partes. Outra advoga que uma parte pode propor o dissídio coletivo isoladamente, desde que não haja oposição expressa da outra.

Para nós, nenhuma lesão ou ameaça de direito pode ser excluída da apreciação do Poder Judiciário (art. 5º, XXXV, c/c § 2º, da CF). Assim, qualquer parte pode propor individualmente dissídio coletivo, com ou sem a anuência da outra, mesmo após a EC 45/2004.

A *competência* para conhecer do dissídio coletivo é do Tribunal Regional do Trabalho, ou da SDC do Tribunal Superior do Trabalho, nos dissídios que excedam a jurisdição territorial do Tribunal Regional do Trabalho.

O *processamento* do dissídio coletivo passa por duas etapas distintas.

A *primeira etapa* é composta pela audiência de conciliação e instrução, presidida pelo juiz instrutor, o qual poderá ser o próprio presidente da Corte, ou outro magistrado designado nos termos do Regimento Interno do Tribunal.

A *segunda etapa* ocorre com a remessa do processo ao órgão colegiado competente, do Tribunal respectivo, para homologação do acordo obtido no decorrer da instrução, ou para julgamento, se não tiver havido acordo.

O órgão colegiado, conforme a extensão territorial do dissídio, ou os regimentos internos, pode ser o Pleno ou Turma do Tribunal Regional do Trabalho, ou a SDC (Seção Especializada em Dissídios Coletivos, do TST).

O dissídio coletivo tem início com a *representação*, que constitui uma petição inicial, apresentada ao presidente do Tribunal competente, em tantas vias quantos forem os suscitados. *Suscitante* é quem propõe o dissídio. *Suscitado* é aquele contra quem se propõe.

O procedimento do dissídio coletivo é regulado pelos arts. 856 e ss. da CLT e pelo art. 114 e parágrafos da CF. Em linhas gerais é o seguinte:

Devem acompanhar o pedido documentos que comprovem as negociações prévias, a cópia autenticada da ata da assembleia que aprovou a propositura do dissídio, a indicação da delimitação territorial das categorias envolvidas e outros elementos úteis.

Seguem-se as *notificações necessárias* e a designação de *audiência de conciliação e instrução* (*primeira etapa*).

Na audiência o suscitado pode oferecer sua *defesa*, juntamente com uma *proposta de acordo*. Alcançada a *conciliação*, o processo é remetido ao colegiado, mediante sorteio, para *homologação*.

Não havendo acordo, passa o juiz instrutor a sugerir às partes uma solução para o litígio. Persistindo o impasse, vai o procedimento para a realização das *diligências* eventualmente necessárias para o esclarecimento da questão.

Terminadas as diligências, convém que sejam colhidas as *razões finais* das partes envolvidas, seguindo-se a *remessa dos autos* ao órgão colegiado competente, para a sessão de *julgamento* (*segunda etapa*).

Nesta instância o processo receberá os *vistos* do relator e do revisor e será incluído na *pauta de julgamento*. O acórdão então proferido pelos julgadores tem a denominação de *sentença normativa*.

No que se refere ao *Ministério Público do Trabalho*, pode ele manifestar-se ao término da instrução, na audiência, ou reservar seu parecer para a sessão de julgamento, por escrito ou oralmente.

Se a decisão foi dada pelo Tribunal Regional do Trabalho cabe *recurso ordinário* para a SDC.

Transitada em julgado a *sentença normativa* dada no dissídio coletivo, pode cada interessado, individualmente, promover a *execução* da mesma, na parte que lhe toca, por meio de *ação de cumprimento*, perante a Vara do Trabalho ou o Juízo de Direito. Isso porque a sentença normativa assemelha-se a uma lei dentro das categorias envolvidas, devendo a Vara do Trabalho decidir se essa norma se aplica a esse interessado.

Em princípio, as condições de trabalho alcançadas no dissídio coletivo não integram de forma definitiva o contrato de trabalho, valendo apenas pelo prazo fixado. A exceção fica por conta das cláusulas normativas, que passam a integrar os contratos individuais de trabalho e somente poderão ser modificadas ou suprimidas mediante negociação coletiva de trabalho (Súmula 277 do TST).

Após um ano cabe *revisão* da decisão coletiva, desde que justificada por novas circunstâncias (art. 873 da CLT).

ESQUEMA DE DISSÍDIO COLETIVO

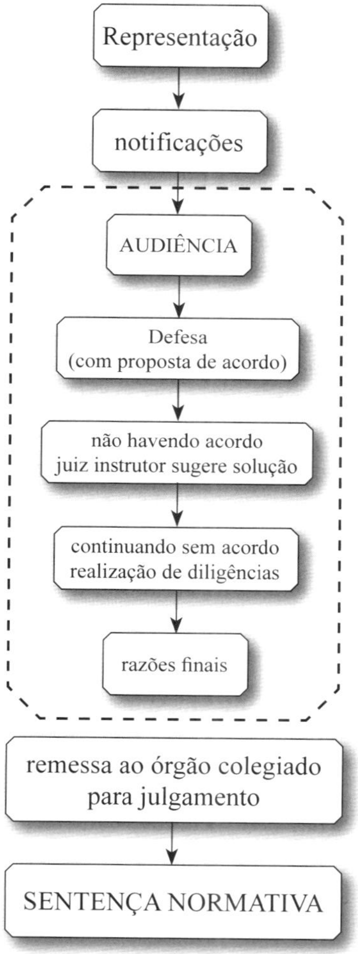

Execução na 1ª instância (ação de cumprimento)
Revisão possível depois de um ano

7. *O processo eletrônico*

A L 11.419, de 19.12.2006, permitiu a adoção da informatização nos processos civis, penais e trabalhistas, bem como nos juizados especiais, em qualquer grau de jurisdição, na tramitação do processo, na comunicação de atos, na transmissão de peças processuais, no envio de petições, nos recursos, no protocolo eletrônico.

As citações, intimações e notificações, inclusive da Fazenda Pública (exceto citações na área criminal), serão feitas por meio eletrônico, em portal próprio aos credenciados ou cadastrados (arts. 2º, 5º, 6º e 9º).

A petição eletrônica será tempestiva se transmitida até as 24h do último dia do prazo. Como data da publicação será considerado o primeiro dia útil seguinte ao da disponibilização da informação no Diário da Justiça eletrônico. Os prazos iniciam-se no primeiro dia útil que seguir ao considerado como data da publicação (arts. 3º, parágrafo único, e 4º, §§ 3º e 4º).

Documentos podem ser juntados por via eletrônica, sendo considerados originais para todos os efeitos. Os originais não eletrônicos devem ser preservados até o trânsito em julgado da sentença, ou, quando admitida, até o final do prazo para interposição de ação rescisória. Peças volumosas podem ser depositadas no Cartório ou na Secretaria (art. 11, §§ 3º e 5º).

Os livros cartorários também serão eletrônicos (art. 16).

Não há autos suplementares (art. 12).

A tramitação do processo eletrônico é idêntica à dos processos físicos (art. 12, § 4º).

Capítulo XIX

SEGURANÇA E MEDICINA DO TRABALHO

1. Normas gerais. 2. Inspeção prévia do estabelecimento interdição e embargo. 3. Comissão Interna de Prevenção de Acidentes-CIPA. 4. Exames médicos. 5. Outras regras de proteção.

1. Normas gerais

Incumbe ao Ministério do Trabalho, através da Secretaria de Segurança e Medicina do Trabalho (SSMT), regulamentar as normas de segurança e medicina do trabalho.

A fiscalização é de competência das Delegacias Regionais do Trabalho (DRTs), que podem impor multa (art. 201 e parágrafo único), interditar estabelecimento, setor, máquina ou equipamento, ou, ainda, embargar obra (art. 161).

Incumbe ao empregador adotar as medidas de proteção, instruir os empregados sobre a matéria e obrigar ao cumprimento das normas de proteção. A falta do empregador poderá implicar responsabilidade penal, civil e administrativa, além de configurar motivo para rescisão indireta do contrato de trabalho (art. 483, "c" e "d").

A recusa do empregado ao uso dos equipamentos de proteção individual e à observância das instruções poderá fundamentar despedida por justa causa (art. 158, parágrafo único).

2. Inspeção prévia do estabelecimento, interdição e embargo

Nenhum estabelecimento pode iniciar atividades sem a prévia inspeção e aprovação das instalações pela DRT. A exigência atinge tanto a indústria como o comércio. Ocorrendo modificação substancial nas instalações, nova inspeção será necessária. Sendo o caso, o delegado regional do trabalho imporá a *interdição* ou o *embargo da obra*.

Configura *desobediência* o descumprimento de interdição ou embargo de obra, se dele resultarem danos a terceiros.[1]

Durante a eventual interdição ou embargo os empregados receberão os salários normalmente.

3. *Comissão Interna de Prevenção de Acidentes-CIPA*

As empresas com mais de 20 empregados[2] são obrigadas a instituir a CIPA, de acordo com a regulamentação do Ministério do Trabalho.

Compete à CIPA desenvolver todas as atividades necessárias para prevenir *acidentes de trabalho*.[3]

A CIPA conta com *representantes da empresa* e *dos empregados*. Os primeiros são indicados pelo empregador. Os demais são eleitos em votação secreta, para mandato de um ano, permitida uma reeleição.

O presidente da CIPA será indicado pelo empregador. Aos empregados caberá eleger o vice-presidente.

Os *representantes dos empregados* gozam de *estabilidade provisória*,[4] não podendo sofrer despedida arbitrária, entendendo-se como tal a que não se funda em motivo disciplinar, técnico, econômico ou financeiro.

As faltas disciplinares são as justas causas do art. 482 da CLT. Mas a lei não traz definição legal para motivo técnico, econômico ou financeiro.

Por conta disso, entende a doutrina majoritária que cabe ao julgador a palavra final sobre a existência real de tais motivos, segundo o seu prudente arbítrio.[5]

1. Como se vê, o § 4º do art. 161 criou uma modalidade condicional do crime de *desobediência*, que somente será punível se do descumprimento resultar danos a terceiros.

2. Atualmente a matéria é regulada pela NR-5 – Quadro I, que determina o número mínimo de integrantes da CIPA, conforme o grau de risco e o número de empregados do estabelecimento.

3. As atividades da CIPA estão regulamentadas na NR-5.

4. Sobre a *estabilidade provisória*, v. título específico neste livro.

5. Entendendo que impera no Brasil o princípio da *reserva legal* também para as *justas causas trabalhistas*, defendemos ponto de vista diferente, como se poderá observar no capítulo *Extinção do Contrato Individual de Trabalho*, logo no primeiro tópico.

4. *Exames médicos*

São obrigatórios *exames médicos*, por conta do empregador:
1) na admissão;
2) na demissão;
3) periodicamente;
4) no retorno ao trabalho; e
5) na mudança de função.

O *exame médico admissional* deverá ser realizado antes que o trabalhador assuma suas funções.

Para o menor de 18 anos e maior de 45 anos o *exame periódico* será anual. Para os trabalhadores entre essa faixa etária a periodicidade será de dois anos.

A *Norma Regulamentar*-7 (NR-7) prevê exames mais frequentes nos casos de contato com substâncias especialmente nocivas.

O exame médico de *retorno ao trabalho* deverá ser realizado obrigatoriamente no primeiro dia da volta do trabalhador ausente por período igual ou superior a 30 dias, por motivo de doença ou acidente, de natureza ocupacional ou não. Este exame também é obrigatório no caso de parto.

O exame de *mudança de função* será obrigatório antes da data da mudança. Entende-se por mudança de função a alteração de atividade, posto ou setor que implique exposição a risco diferente daquele a que o trabalhador estava exposto antes da mudança.

Até a data da homologação da rescisão do contrato de trabalho deverá ser realizado o *exame demissional*, salvo se o último exame periódico foi realizado há menos de 135 dias ou 90 dias, conforme o grau de risco da empresa (NR-7, item 7.4.3.5).

5. *Outras regras de proteção*

A CLT e disposições especiais trazem várias outras normas preventivas, cujos pontos principais são os seguintes:

• *Caldeiras, fornos e recipientes sob pressão*: é obrigatório o uso de válvulas e dispositivos de segurança. Toda caldeira deve passar por inspeção periódica, anotada no Registro de Segurança, e contar com prontuário, com as suas características. A matéria é regulada pelas NRs-13 e 14.

• *Conforto térmico*: é obrigatória ventilação natural ou artificial que possibilite conforto térmico. Na geração de frio é necessário o uso de vestimentas ou isolamentos térmicos protetivos (arts. 174 a 178). "O empregado submetido a trabalho contínuo em ambiente artificialmente frio, nos termos do parágrafo único do art. 253 da CLT, ainda que não labore em câmara frigorífica, tem direito ao intervalo intrajornada previsto no *caput* do art. 253 da CLT" (Súmula 438 do TST).

• *Edificações*: pé-direito mínimo de 3m. Pisos sem saliências. Aberturas com proteção contra queda de objetos e pessoas (arts. 170 a 174).

• *Equipamento de Proteção Individual*: deve ser fornecido pelo empregador, em perfeitas condições. O equipamento só pode ser comercializado após aprovação pelo Ministério do Trabalho. Matéria regulada pela NR-6.

• *Fadiga*: 60 quilos é o peso máximo para remoção individual pelo empregado,[6] salvo o uso de vagonetes sobre trilhos, carros de mão ou outros aparelhos mecânicos. É obrigatória a colocação de assentos que assegurem a postura correta. No trabalho em pé deverão ficar à disposição assentos para as pausas. Matéria regulada pela NR-17 e Portaria 3.751/90.

• *Iluminação*: deve ser uniforme e difusa, sem reflexos ou ofuscamentos. A matéria é regulada pela NR 17.

• *Insalubridade e periculosidade*: *v. adicionais*, no capítulo *Salário*, neste livro. As atividades e as operações insalubres estão reguladas pela NR-15. São insalubres as atividades que atentam contra a saúde humana acima dos limites estabelecidos pelo Ministério do Trabalho. O grau de insalubridade (máximo, médio, mínimo) é verificado em perícia. São perigosas as atividades envolvendo explosivos, inflamáveis, eletricidade ou radiações.

• *Instalações elétricas*: operação apenas por pessoal especializado, que deve ter instrução especial, para socorro a acidentados por choque elétrico. O aterramento obrigatório, as especificações especiais e outras medidas de proteção estão na NR-10.

• *Máquinas e equipamentos*: é obrigatória a instalação de dispositivos de partida e parada, que evitem especialmente o acionamento acidental. A manutenção só poderá ser realizada com a máquina parada. A matéria é regulada pela NR-12.

6. É vedado empregar mulher em serviço que demande o emprego de força muscular superior a 20 quilos, para o trabalho contínuo, ou 25 quilos, para o trabalho ocasional (art. 390).

• *Movimentação, armazenagem e manuseio de materiais*: avisos padronizados de carga máxima, proibição de fumar, advertência quanto à natureza perigosa, precauções, condições mínimas de segurança e higiene referente aos recipientes e armazéns, primeiros socorros e assuntos correlatos estão regulados na NR-11.

Capítulo XX

ACIDENTES DO TRABALHO

1. Conceito. 2. Segurados protegidos. 3. Categorias excluídas. 4. Custeio. 5. Salário de contribuição e salário de benefício. 6. Benefícios acidentários: 6.1 Auxílio-doença – 6.2 Auxílio-acidente: 6.2.1 Auxílio-acidente de outro tipo – 6.3 Aposentadoria por invalidez acidentária – 6.4 Pensão por morte – 6.5 Abono anual – 6.6 Pecúlios (abolidos). 7. Estabilidade provisória. 8. Responsabilidade concorrente do empregador em caso de dolo ou culpa. 9. Alguns aspectos processuais: 9.1 Competência – 9.2 Ministério Público – 9.3 Prazos processuais do INSS – 9.4 Recurso de ofício – 9.5 Execução – 9.6 Prescrição e decadência: 9.6.1 Prescrição (benefícios ainda não concedidos) – 9.6.2 Decadência (ações revisionais). 10. Da equalização dos benefícios acidentários e previdenciários. 11. A futura Lei de Acidentes do Trabalho.

Os *acidentes do trabalho* encontram-se integrados na Previdência Social, sendo regulados pela *Lei de Benefícios da Previdência Social* (L 8.213/91) e pelo *Regulamento da Previdência Social* (D 3.048/99).

1. Conceito

O conceito de *acidente do trabalho* abrange várias modalidades. Temos, assim, o *acidente-tipo* e as *doenças ocupacionais*, divididas estas em *doenças profissionais* e *doenças do trabalho*, havendo ainda os *acidentes do trabalho por equiparação.*

O *acidente-tipo* é o acidente propriamente dito, um acontecimento repentino e imprevisto, causador de dano. Ocorre pelo exercício do trabalho, provocando a morte ou a redução da capacidade para o trabalho.

Abrange o empregado, o trabalhador doméstico e certas categorias especiais de segurados, como o meeiro e o arrendatário rurais (L 8.213/91, art. 19).

A *doença profissional* (ou *tecnopatia*) refere-se à perturbação da saúde causada por fatores adversos típicos de certos ramos de atividade, como a silicose, advinda do trabalho em pedreiras. Presume-se nas doenças profissionais o *nexo de causalidade* entre o trabalho e a doença (L 8.213/91, art. 20, I).

A *doença do trabalho* é uma doença atípica, que pode ou não estar relacionada com o exercício do trabalho, dependendo das condições especiais em que é executado e da avaliação médica em cada caso. Nas doenças do trabalho, portanto, ao contrário do que ocorre nas doenças profissionais, não se presume de antemão o nexo de causalidade entre o trabalho e a doença (L 8.213/91, art. 20, II).

Entre as doenças do trabalho estão, por exemplo, as perturbações auditivas ou os males da coluna vertebral decorrentes de posições viciosas ou esforço repetitivo.

O Decreto 3.048/99, no seu Anexo II, relaciona doenças profissionais e doenças do trabalho. Considera-se, porém, que a relação é apenas exemplificativa.

Acidentes do trabalho por equiparação são aqueles em que o trabalho não é causa única do dano, mas apenas uma *concausa*, ou causa indireta, como no caso de moléstia preexistente da coluna vertebral, agravada, porém, pelo tipo de trabalho realizado pelo obreiro.

Pertencem ainda ao rol dos acidentes do trabalho por equiparação certos casos em que o trabalho, por si, não causou dano algum, nem agravou nada, na saúde do trabalhador. O dano, nesta hipótese, advém de fatores alheios ao trabalho, mas por ocasião da realização do trabalho, ou no local do trabalho, ou, ainda, em certas situações equiparadas por lei. Melhor, nestes casos, seria dizer acidente *no* trabalho, ao invés de acidente *do* trabalho. Exemplos da espécie: agressão por terceiros no local do trabalho; acidente *in itinere*, no percurso da residência para o local do trabalho ou vice-versa.

A L 8.213/91, no seu art. 21, relaciona os casos de acidente do trabalho por equiparação.

O acidente do trabalho, em qualquer uma de suas modalidades, só é *indenizável* se causar a morte ou a redução da capacidade de trabalho.

O *dano estético*, por exemplo, não é indenizável se não houver *redução da capacidade funcional*.

A *perda da audição*, ainda que decorrente do trabalho, não é indenizável se não houver *redução da capacidade para o trabalho* que o segurado habitualmente exercia (art. 104, § 5º, do D 3.048/99).

ACIDENTES DO TRABALHO
- *Acidente-tipo* (acidente em sentido estrito)
- *Doença ocupacional*
  - Doença profissional (típica, peculiar a certas atividades)
  - Doença do trabalho (atípica)
- *Acidente do trabalho por equiparação*
  - trabalho como concausa
  - trabalho como ocasião

2. *Segurados protegidos*

O *seguro de acidentes do trabalho* aplica-se aos *empregados em geral* (com ou sem registro),[1] trabalhadores domésticos, urbanos e rurais, aos trabalhadores avulsos,[2] aos menores de 14 anos (se trabalharem), aos empregados públicos celetistas e outras categorias previstas em lei.

3. *Categorias excluídas*

Não há seguro de acidentes do trabalho em relação aos *autônomos*, aos *trabalhadores eventuais*, aos *presidiários*, aos *servidores públicos estatutários*, aos *militares* etc.

4. *Custeio*

Para *custeio* da Previdência Social as empresas contribuem com 20%, em regra, sobre a remuneração de seus empregados, sem limites ou tetos, além de outras contribuições (D 3.048/99, art. 201, I).

Para cobertura dos *benefícios acidentários* contribuem ainda as empresas com uma alíquota de 1% a 3% sobre a folha de pagamentos, também sem limites ou tetos, conforme o risco de cada atividade (D 3.048/99, art. 202).[3]

1. "O fato de o obreiro trabalhar sem registro não lhe retira o direito do benefício acidentário, por quanto cabe ao Instituto Segurador a fiscalização do recolhimento da contribuição" (2º TAC, Ap. s/Rev 603.233-004, 11ª C., Rel. Juiz Mendes Gomes, j. 12.2.2001). No mesmo sentido: *JTA* (*RT*) 83/250, 89/428, 103/399 (em.), 106/437 (em.), 107/462 (em.); *JTA* (*LEX*) 136/343, 162/434.

2. Não se confunde *trabalhador avulso* com *trabalhador autônomo*. O avulso trabalha sem vinculo empregatício, para diversas empresas, com a intermediação do sindicato, como no caso, principalmente, dos portuários (D 3.048/99, art. 9º, VI). O autônomo independe de qualquer intermediação sindical.

3. O D 6.042/2007, alterado pelo D 6.957/2009 e pelo D 7.126/2010, introduziu um art. 202-A no D 3.048 dispondo que "as alíquotas constantes nos incisos I a III do art. 202 serão

Assim, por exemplo, devem as empresas recolher 1% no caso de comércio varejista de tecidos (risco leve); 2% no caso de impressão de jornais (risco médio); 3% na extração de minério de ferro (risco grave), conforme o Anexo V do Decreto 3.048/99.

5. *Salário de contribuição e salário de benefício*

O *salário de contribuição* corresponde ao montante sobre o qual será calculada a contribuição devida à Previdência Social, de acordo com determinadas faixas e alíquotas.

Para o *empregado* o salário de contribuição é o total de sua remuneração em uma ou mais empresas. O salário de contribuição não pode ser inferior ao piso salarial da categoria, ou ao salário mínimo, se não houver piso. Nem superior a R$ 1.200,00, atualizáveis por índices próprios (art. 14 da EC 20, de 15.12.1998).

O *salário de benefício* corresponde às prestações pecuniárias pagas aos beneficiários pela Previdência Social.

O salário de benefício não pode ser maior do que o salário de contribuição, sujeitando-se também ao teto do regime geral da previdência social.

Na verdade, não deveria existir este limite nas prestações de natureza acidentária, uma vez que são custeadas por verba própria, paga pelas empresas, sem limites ou tetos, de 1% a 3% sobre a folha de pagamentos.

6. *Benefícios acidentários*

6.1 Auxílio-doença

Após um *acidente* ou a eclosão de uma *doença ocupacional*, se o segurado não estiver em condições de trabalhar, terá direito ao *auxílio-doença*, no valor de 91% do salário de benefício, a partir do 16º dia de afastamento do trabalho, até a alta médica ou a reclassificação do benefício (art. 61, L 8.213/91).

Nos primeiros 15 dias após o acidente cabe à empresa pagar ao empregado o seu salário integral (L 8.213/91, art. 60, § 3º).

O auxílio-doença acidentário independe de período de carência (L 8.213, art. 26, II).

reduzidas em até 50% ou aumentadas em até 100%, em razão do desempenho da empresa em relação à sua respectiva atividade, aferido pelo Fator Acidentário de Prevenção – FAP".

6.2 *Auxílio-acidente*

Terminado o período de tratamento, e se restarem sequelas que reduzam a capacidade para o trabalho habitual, terá o acidentado direito ao *auxílio-acidente.* O auxílio-acidente é concedido ao segurado quando, após a consolidação das lesões decorrentes de acidente de qualquer natureza, resultar sequela definitiva (art. 104 do D 3.048/99).

O valor do auxílio-acidente é de 50% do salário de benefício, não importando o grau da incapacidade. "O segurado vítima de novo infortúnio faz jus a um único benefício" (Súmula 146 do STJ).

O benefício é *cancelado* no início de qualquer espécie de *aposentadoria* ou no *óbito* do segurado (L 8.213, art. 86, § 1º).

6.2.1 Auxílio-acidente de outro tipo

Existe um outro tipo de auxílio-acidente, meramente *previdenciário*, desvinculado da sistemática acidentária.

Refere-se esta espécie a *acidentes sem qualquer conexão com o trabalho*, como, por exemplo, na prática de esportes, sobrevindo, porém, uma *sequela redutora da capacidade* para o trabalho habitual. É necessário que se trate de *empregado*, *trabalhador avulso* ou *segurado especial* (L 8.213/91, art. 86, c/c art. 18, § 1º).

O valor do benefício é idêntico ao do concedido no acidente do trabalho.

A *competência*, no caso, será da *Justiça Federal*, e não da Justiça Estadual.

Como este tipo de auxílio-acidente não se inclui na sistemática dos acidentes do trabalho, poderíamos dizer, em que pese o paradoxo da expressão, que há um "auxílio-acidente acidentário" e um outro tipo, o "auxílio-acidente meramente previdenciário". Ou, então, que se trata do germe de uma categoria de acidente do trabalho em formação, o "acidente do trabalho por extensão".

6.3 *Aposentadoria por invalidez acidentária*

Se do acidente sobrevier uma *incapacidade total e definitiva* para o trabalho, terá o acidentado direito à *aposentadoria por invalidez acidentária*, no valor de 100% do salário de benefício (L 8.213, art. 44).

O valor do benefício acidentário é idêntico ao do benefício comum previdenciário.

Se houver necessidade da *assistência permanente* de outra pessoa o benefício será acrescido de 25% (art. 45).[4]

6.4 Pensão por morte

Se resultar *morte*, terão os dependentes direito à *pensão por morte*, no valor de 100% do valor da aposentadoria que o segurado recebia, ou daquela a que teria direito se estivesse aposentado por invalidez na data de seu falecimento (L 8.213, art. 75).

6.5 Abono anual

O *abono anual* corresponde ao 13º salário, pago pela Previdência, na proporção de 1/12 por mês do benefício auferido (arts. 40 da L 8.213/91 e 120 do D 3.048/99).

6.6 Pecúlios (abolidos)

Antigamente existiam ainda mais dois benefícios acidentários, o *pecúlio por invalidez* e o *pecúlio por morte* (para os dependentes). Eram de pagamento único, no valor, respectivamente, de 75% e 150% do limite máximo do salário de contribuição.

Os dois pecúlios foram extintos pela L 9.032/95. Contudo, aplicam-se ainda, por direito adquirido, aos acidentes típicos ou doenças ocupacionais que tenham ocorrido ou se configurado até 28 de outubro de 1995, uma vez que, na matéria, vigora a lei da época do acidente (*tempus regit actum*).

BENEFÍCIOS ACIDENTÁRIOS
• *Auxílio-doença acidentário* – incapacidade total, mas temporária – 91% do salário de benefício
• *Auxílio-acidente* – sequela incapacitante para o trabalho habitual – 50% do salário de benefício
• *Aposentadoria por invalidez* – incapacidade total e permanente – 100% do salário de benefício
• *Pensão por morte* – 100% do valor da aposentadoria
• *Abono anual – equivale ao 13º salário*

4. O Anexo I do D 3.048/99 indica as situações que permitem o acréscimo de 25%, como cegueira, necessidade de permanências contínua no leito etc. Como não há limitação na lei, a relação deve ser considerada exemplificativa.

7. *Estabilidade provisória*

O acidentado fica licenciado no emprego durante o período do *auxílio-doença acidentário*. E com estabilidade provisória por mais 12 meses após a cessação do benefício (L 8.213, art. 118).[5]

A estabilidade provisória *não se aplica* no caso de *trabalho temporário* (*IOB* 2/10.671), nem no *contrato por prazo determinado* (*IOB* 2/10.029) e ao trabalhador doméstico.[6]

8. *Responsabilidade concorrente do empregador em caso de dolo ou culpa*

Se o acidente foi causado por *dolo* ou *culpa do empregador*, ou de seu *preposto*, caberá *indenização*, pelos critérios do Direito comum, mediante ação própria, em separado, sem prejuízo dos benefícios previstos nas leis acidentárias (CF, art. 7º, XXVIII).[7]

O INSS, como segurador, deve os benefícios acidentários por responsabilidade objetiva contratual, independentemente de culpa. O *patrão* deve a indenização por *responsabilidade subjetiva*, baseada nos critérios da culpabilidade civil.

9. *Alguns aspectos processuais*

9.1 *Competência*

Nas *ações acidentárias* a competência é da Justiça Estadual,[8] embora, em regra, figure no pólo passivo o INSS, autarquia federal (CF, art. 109,

5. A permanência do acidentado no emprego tem apoio numa sequência de garantias: I) Nos primeiros 15 dias, após o acidente, dá-se a interrupção do contrato de trabalho (art. 60, § 3º, da L 8.213/91); II) Após o 15º dia, durante o auxílio-doença acidentário, ocorre a suspensão do contrato de trabalho (art. 476 CLT). E após a cessação do auxílio-doença acidentário, mantém-se o contrato de trabalho, por mais 12 meses, independentemente da percepção de auxílio-acidente (art. 118 da L 8.213/91).

6. **Empregado Doméstico**. A redação do art. 118 da L 8.213/91, ao se referir apenas à garantia do contrato de trabalho "na empresa", silenciando quanto ao "empregador doméstico", sugere que o empregado doméstico não goza de estabilidade em razão de acidente de trabalho.

7. "Age com culpa a empresa que permite o trabalho do empregado em função diversa da contratada e para a qual não possuía treinamento ou habilitação. Culpa caracterizada" (*RT* 754/307). "No acidente por culpa do empregador, cabe também indenização por dano moral" (*RT* 743/330). "A culpa não precisa ser grave. A culpa suficientemente demonstrada configura a pretensão indenizatória, sem que haja necessidade de estar demonstrada a sua gravidade" (*RT* 701/163 e 723/461).

8. Mesmo após a EC 45/2004, subsiste a competência da Justiça estadual nas causas acidentárias, por danos materiais e/ou morais, contra o INSS ou o empregador, ainda que

§ 3º; L 8.213/91, art. 129, II; CLT, art. 643, § 2º; Súmula 15 do STJ; Súmula 501 do STF; *RT* 833/165, 838/161).

O mesmo vale para a ação acidentária *revisional*. Há decisões que passam a revisional para a competência da Justiça Federal, entendimento que se respeita, mas com o qual não se pode concordar. Afinal, a ação acidentária revisional não deixa de ser uma ação acidentária. A ação acidentária deve ser proposta no *domicílio* ou *residência do acidentado*, ou no *local do trabalho*, ou no *local do acidente*, sempre onde houver maior facilidade para os exames e a colheita de provas.

No caso de responsabilização do empregador por danos morais e patrimoniais, a competência é da Justiça do Trabalho (Súmula Vinculante 22 do STF).

9.2 Ministério Público

É obrigatória a intervenção do *Ministério Público*, como *fiscal da lei*,[9] por se tratar de ação de interesse público e de caráter alimentar (*JTACivSP* 148/246; *RT* 756/267). Pode o Ministério Público intervir como patrono do autor,[10] na qualidade de substituto processual,[11] ou assistindo ao acidentado, uma vez que este pode propor a ação pessoalmente, independentemente de advogado.[12]

Pode ainda o Ministério Público propor ação civil pública, de natureza cautelar, para a proteção do meio ambiente do trabalho.[13]

9.3 Prazos processuais do INSS

Aplica-se à União, aos Estados, ao Distrito Federal, aos Municípios e suas respectivas autarquias e fundações de direito público a regra do art.

fundamentadas no direito comum (STF, 2ª T., AgRg no RE 441.038-9-MG, rel. Min. Celso de Mello, j. 22.3.2005; *Boletim AASP* 3.401, Jurisprudência; *RT* 839/186. Contra, entendendo que a competência passou para a Justiça do Trabalho: *RT* 837/271, 861/122, 871/169; STF, 2ª T., AgRg no RE 519.775-1-SP, j. 17.4.2007, *Boletim AASP* 2.529; STJ, 4ª T., REsp 833.655-SP, j. 15.8.2006, *Boletim AASP* 2.529).

9. Este entendimento tem sido mitigado em função do movimento de racionalização da atuação do Ministério Público, ocorrendo a obrigatoriedade de intervenção apenas quando o acidentado for incapaz ou fique caracterizada situação de especial interesse público.

10. *JTACivSP* 144/452.

11. *IOB* 2/10.153. O MP tem legitimidade para recorrer na ação de acidente do trabalho, ainda que o segurado esteja assistido por advogado (Súmula 226, do STJ).

12. Tem-se entendido que a L 8.213/91 não revogou o art. 13 da L 6.367/76, pelo qual, "para pleitear direitos decorrentes desta Lei, não é obrigatória a constituição de advogado".

13. *IOB* 2/11.451; *RT* 752/255.

183 do CPC que concede prazo em dobro para todas as suas manifestações processuais, cuja contagem tem início somente a partir da intimação pessoal.

9.4 Recurso de ofício

Aplica-se também o duplo grau de jurisdição às sentenças proferidas contra a União, Estados, Distrito Federal, Municípios e suas respectivas autarquias e fundações de direito público (art. 496 do CPC).

9.5 Execução

Transitada em julgado a sentença, sendo o caso, deve o autor apresentar o cálculo discriminado do valor da indenização. O INSS será citado para oferecer embargos,[14] se quiser, nos termos do art. 730 do Código de Processo Civil. Se a autarquia se omitir, ou concordar com o cálculo, ou forem improcedentes os embargos, expede-se o precatório.

A *execução* do julgado contra o INSS realiza-se por *precatório*.[15] O juiz do feito comunica a decisão, com os elementos necessários, ao Presidente do Tribunal de Justiça, e este, por sua vez, expede o precatório ao INSS, que consiste num ofício solicitando o depósito da quantia devida (art. 910, § 1º, do CPC).

Os precatórios devem ser atendidos na ordem cronológica de chegada, com uma "fila" especial para os créditos de caráter alimentar, entre eles os acidentários. "Os créditos de natureza alimentícia gozam de preferência, desvinculados os precatórios da ordem cronológica dos créditos de natureza diversa" (Súmula 144 do STJ).

O benefício acidentário com valor de até R$ 5.180,25 poderá, por opção do exequente, ser quitado no prazo de até 60 dias após a intimação do trânsito em julgado da decisão, sem necessidade da expedição de precatório (art. 128 da L 8.213/91).

9.6 Prescrição e decadência

Conforme dito no Cap. XIII, *prescrição* refere-se à perda da faculdade de mover ação judicial, após o decurso de certo tempo, fixado em lei.

14. *JTACivSP* 156/234, 157/247, 157/497. É desnecessária a citação se o INSS concordar expressamente com o cálculo de liquidação (*JTACivSP* 157/497, 159/481).

15. Execução contra o INSS. Necessidade de precatório (*JTACivSP* 161/571, 162/554, 163/478).

A prescrição pode ser *interrompida* de várias formas, como, por exemplo, pela *citação* ou pelo *protesto judicial* (art. 172 do CC). Uma vez interrompida, passa a prescrição a correr novamente, por inteiro, a partir do ato que a interrompeu.

A *decadência* assemelha-se à prescrição, com as seguintes diferenças: a) não pode ser interrompida; b) extingue não só a faculdade de mover a ação judicial, mas também o próprio direito em si.

Nos *acidentes do trabalho* temos duas situações distintas. Estão sujeitas a *prescrição* as *parcelas periódicas* não reclamadas em tempo através de ação judicial. E sujeitam-se a um prazo de *decadência* os pedidos de *revisão* de benefícios já concedidos.

9.6.1 Prescrição (benefícios ainda não concedidos)

A *prescrição* de *benefícios acidentários* não alcança o exercício do direito em si, referindo-se apenas às *prestações periódicas* vencidas há mais de cinco anos. O que prescreve, portanto, é apenas determinada prestação, e não o direito em si, ou o fundo de direito, em que pesem algumas respeitáveis opiniões em contrário (L 8.213/91, art. 104).

De acordo com a jurisprudência, conta-se o prazo de prescrição, no caso de incapacidade ou agravamento da mesma, a partir da constatação pericial feita em juízo (Súmula 230 do STF).[16]

9.6.2 Decadência (ações revisionais)

Estabelece a lei também um prazo de *decadência*, atingindo não apenas certas prestações vencidas, mas o próprio *direito* em si.

No prazo de 10 anos ocorre a decadência de todo e qualquer direito ou ação que tenha por objetivo a *revisão* do benefício concedido (art. 103 da L 8.213/91). Conta-se o prazo do dia primeiro do mês seguinte ao do recebimento da primeira prestação, ou, quando for o caso, do dia em que o interessado tomar conhecimento da decisão administrativa que indeferiu a revisão.

Em resumo: o direito aos benefícios acidentários não prescreve. Mas prescrevem as prestações periódicas vencidas e não reclamadas durante 5 anos. As ações revisionais têm prazo de decadência de 10 anos, findos os quais perece não só a ação, mas também o próprio direito.

16. A Súmula 230 do STF, ao ser editada, referia-se à *prescrição da ação*. Deve-se considerar, agora, que a súmula se refere ao início do prazo de *prescrição das prestações periódicas*.

10. Da equalização dos benefícios acidentários e previdenciários

A L 8.213/91, com as sucessivas modificações, acabou por igualar praticamente os *benefícios acidentários* com os *benefícios previdenciários*, esvaziando em grande parte a sistemática própria dos acidentes do trabalho.

Em geral, agora, os benefícios dados ao acidentado são os mesmos que ele teria na Previdência comum, situação que não parece adequada, considerando-se que há um recolhimento específico para a área dos acidentes do trabalho.

11. A futura Lei de Acidentes do Trabalho

Lei futura deverá dar nova disciplina ao seguro de acidentes do trabalho, estabelecendo um concurso entre o setor público e o setor privado.

"Lei disciplinará a cobertura do risco de acidente do trabalho, a ser atendida concorrentemente pelo regime geral de previdência social e pelo setor privado" (art. 201, § 10, da CF, na redação da EC 20, de 15.12.1998).

BIBLIOGRAFIA

ALMEIDA, Lúcio Rodrigues de. *Guia do Processo do Trabalho.* Rio de Janeiro, Aide, 1998.

CAMPOS, José Luiz Dias e CAMPOS, Adelina Bitelli Dias. *Acidentes do Trabalho.* São Paulo, LTr, 1996.

CARDONE, Marly A. *Advocacia Trabalhista.* 15ª ed. São Paulo, Saraiva, 1997.

CARRION, Valentin. *Comentários à Consolidação das Leis do Trabalho.* 29ª ed. São Paulo, Saraiva, 2004.

CASSAB, Vólia Bomfim. *Direito do Trabalho.* Niterói, Impetus, 2008.

CASTILHO, Paulo César Baria de. *Prática de Cálculos Trabalhistas na Liquidação de Sentença.* 2ª ed. São Paulo, Ed. RT, 1998.

COULANGES, Fustel de. A *Cidade Antiga.* São Paulo, Martins Fontes, 1995.

CUNHA, Maria Inês Moura S. A. da. *Direito do Trabalho.* São Paulo, Saraiva, 1997.

FELIPE, J. Franklin Alves. *Previdência Social na Prática Forense.* Rio de Janeiro, Forense, 1999.

FERNANDES, Anníbal. *Consolidação das Leis do Trabalho e Legislação Social Básica.* São Paulo, Ed. RT, 1997.

________. *Previdência Social Anotada.* São Paulo, Edipro, 1998.

GALAFASSI, Maria Cristina. *Medicina do Trabalho.* São Paulo, Atlas, 1998.

GARCIA, Gustavo Filipe Barbosa. *Curso de Direito do Trabalho.* São Paulo, Método, 2008.

GIGLIO, Wagner D. *Direito Processual do Trabalho.* São Paulo, Saraiva, 1997.

GONÇALES, Odonel Urbano. *Seguridade Social Anotada.* São Paulo, LTr, 1997.

GONÇALVES, Emílio. *O Preposto do Empregador no Processo do Trabalho.* São Paulo, LTr, 1985.

LEITÃO, Ricardo Azevedo. "Terceirização e vinculo de emprego". *Revista do Advogado* 54/75. São Paulo, 1998.

LIMA, Francisco Gérson Marques de. *Fundamentos do Processo do Trabalho.* São Paulo, Malheiros Editores, 2010.

LIMA, Francisco Meton Marques de. *Elementos de Direito do Trabalho e Processo Trabalhista.* São Paulo, LTr, 2007.

LIMA TEIXEIRA e outros. *Instituições de Direito do Trabalho.* 17ª ed. São Paulo, LTr, 1997.

LOBO, Hílton e CAMPANHOLE, Adriano. *CLT.* São Paulo, Atlas, 1999.

MAGANO, Octávio Bueno. *ABC do Direito do Trabalho.* São Paulo, Ed. RT, 1998.

MARANHÃO, Délio e outros. *Instituições de Direito do Trabalho.* 17ª ed. São Paulo, LTr, 1997.

MARTINS, Adalberto. *Manual Didático de Direito do Trabalho.* 5ª ed. São Paulo, Malheiros Editores, 2015.

________. *Manual Didático de Direito Processual do Trabalho.* 7ª ed. São Paulo, Malheiros Editores, 2016.

MARTINS, Sérgio Pinto. *Comentários à CLT.* São Paulo, Atlas, 2008.

________. *Curso de Direito do Trabalho.* São Paulo, Dialética, 1998.

________. *Direito da Seguridade Social.* São Paulo, Atlas, 1999.

________. *Direito do Trabalho.* São Paulo, Atlas, 2008.

________. *Direito Processual do Trabalho.* São Paulo, Atlas, 1999.

MONTEIRO, Antônio Lopes e BERTAGNI, Roberto Fleury de Souza. *Acidentes do Trabalho e Doenças Ocupacionais.* São Paulo, Saraiva, 1998.

NASCIMENTO, Amauri Mascaro. *Curso de Direito do Trabalho.* 13ª ed. São Paulo, Saraiva, 1997; São Paulo, Saraiva, 2008.

________. *Iniciação ao Direito do Trabalho.* São Paulo, LTr, 1998.

NEVES, Antônio Gomes das. O *Cálculo em Prática Trabalhista.* 4ª ed. São Paulo, LTr, 1998.

OLIVEIRA, Aristeu de. *Cálculos Trabalhistas.* 3ª ed. São Paulo, Atlas, 1996.

OLIVEIRA, Francisco Antônio de. *Ação Civil Pública – Enfoques Trabalhistas.* São Paulo, Ed. RT, 1999.

________. *Manual de Processo do Trabalho*. São Paulo, Ed. RT, 1998.

________. *O Processo na Justiça do Trabalho*. São Paulo, Ed. RT, 1990.

OLIVEIRA, José de. *Acidentes do Trabalho*. São Paulo, Saraiva, 1997.

PAULO, Vicente e ALEXANDRINO, Marcelo. *Manual de Direito do Trabalho*. São Paulo, Método, 2008.

PEDROTTI, Irineu Antônio. *Acidentes do Trabalho*. São Paulo, LEUD, 1998.

PIMENTEL, Wanda Jaú. *História Antiga e Medieval*. São Paulo, IBEP.

PINTO, José Augusto Rodrigues. *Direito Sindical e Coletivo do Trabalho*. São Paulo, LTr, 1998.

PLÁ RODRIGUES, Américo. *Los Principios de Derecho del Trabajo*. Montevidéu, Laboral, 1975.

PONT, Juarez Varallo. *Cálculos no Processo Trabalhista*. 10ª ed., 5ª tir. Curitiba, Juruá, 1998.

RUSSOMANO, Mozart Víctor. *Comentários à Consolidação das Leis do Trabalho*. 17ª ed. Rio de Janeiro, Forense, 1997.

________. *Curso de Direito do Trabalho*. Curitiba, Juruá, 1997.

RUSSOMANO, Mozart Víctor, RUSSOMANO JÚNIOR, Víctor e ALVES, Geraldo Magela. *CLT Anotada*. Rio de Janeiro, Forense, 1998.

SALEM NETO, José. *Curso de Direito e Processo do Trabalho*. 2ª ed. São Paulo, Edipro, 1994.

________. *Recurso de Revista e Agravo de Instrumento*. São Paulo, LTr, 1999.

SANTOS, Aloysio. *Manual de Contrato de Trabalho Doméstico*. 2ª ed. Rio de Janeiro, Forense, 1998.

SERSON, José. *Jurisprudência das Rotinas Trabalhistas*. 2ª ed. São Paulo, Ed. RT, 1992.

SILVESTRE, Carlos. *Roteiro Prático da Previdência Social*. São Paulo, Edipro, 1997.

SOUZA, Ronald Amorim e. *Apontamentos de Processo do Trabalho*. Minas Gerais, Nova Alvorada, 1997.

________. *Manual de Legislação Social*. São Paulo, LTr, 1997.

SÜSSEKIND, Arnaldo e outros. *Instituições de Direito do Trabalho*. 17ª ed., São Paulo, LTr, 1997.

TOTOMIANZ, V. *Historia de las Doctrinas Económicos y Sociales*. Barcelona, Gustavo Gili Editor, 1934.

VIANNA, Segadas e outros. *Instituições de Direito do Trabalho.* 17ª ed. São Paulo, LTr, 1997.

WOODHEAD, Henry e GEORGE, Philip Brandt (editores). *História em Revista.* Vários autores, vários volumes. Time-Life/Abril Livros.

YUH YU, Juang. *Ação Acidentária.* São Paulo, Atlas, 1998.

ÍNDICE ALFABÉTICO-REMISSIVO

* * *

GRÁFICA PAYM
Tel. [11] 4392-3344
paym@graficapaym.com.br